KB069157

뉴 노멀 시대, 트렌드를 주도하고 저절로 팔리는 구조를 만든다!

기본부터 실전까지 일러스트로 이해하는

필립 코틀러의
마케팅 수업

아베 테츠야 감수 | 서희경 옮김

마케팅의 신, 필립코틀러는
트렌드를 주도하는 마케팅 전략을 제시한다

'마케팅이란 무엇인가?'라는 질문을 받으면 대부분 '영업 부서의 판매 전략' 혹은 '촉진 부서의 수요 조사' 정도로 생각하곤 합니다. 하지만 그렇지 않습니다. 경영학자이자 마케팅의 신으로 불리는 필립 코틀러$^{Philip Kotler}$가 정의한 '마케팅'은 판매 전략이나 수요 조사와 같은 작은 범주가 아닙니다.

코틀러는 제품을 판매하는 것을 '가치 전달'이라고 말합니다. 제품은 어디까지나 구체적인 형태를 띤 '제공물'로 가치의 일부일 뿐입니다. 실제로 고객이 받는 것은 제품의 가격과 품질, 서비스를 포함한 '통합적 가치'라고 정의했습니다.

가치는 제작이나 판매 등의 일부 공정에서만 창출되는 것이 아닙니다. '어떤 제품을 만들 것인가', '어떤 고객에게 전달할 것인가'를 생각하는 것부터 시작해서 모든 공정이 '종합적 가치'를 창출합니다. 때문에 코틀러는 '마케팅은 전사 체제로 실시해야 한다'고 말했습니다. 제품을 전제로 두고 판매 방법만 생각하면 안 된다는 것입니다. 즉, '고객에게 어떤 가치를 제공할 수 있을까'를 살펴보는 것부터 '어떤 경로로 고객에게 전달될 것인가'까지의 전체 과정이 마케팅입니다.

마케팅은 시대적 변화에 발맞춰 진화해 왔습니다. 산업혁명 시대의 대량 생산 구조에서 탄생한 마케팅 1.0부터 세계가 하나로 연결된 디지털 시대의 마케팅 4.0까지 차근차근 버전을 업그레이드해 왔습니다. 그리고 휴머니티를 추구하는 마케팅 5.0으로의 변화를 앞둔 지금, 우리는 종합적인 '가치 전달'이 중요한 시대 한가운데에 놓여있습니다.

SNS라는 커뮤니케이션 도구는 우리 사회의 모습을 확실히 바꾸어 놓았습니다. 소셜 네트워크는 일부 사람들이 강력히 추천하는 정보를 순식간에 전 세계에 퍼트리고 판매 효과를 높입니다. 변화 속도는 마케팅 여명기와 비교가 되지 않을 정도로 빨라졌으며, 마케팅 체계 자체도 급속히 변화하였습니다. '실패에서 배우고 성공으로 연결하는 것이 진정한 마케팅이다'라는 코틀러의 말은 변화의 흐름을 타고 개선을 거듭해야 하는 현대 상황을 표현한 명언이라고 할 수 있습니다.

코틀러는 복잡한 마케팅 개념을 체계화한 권위자로서 항상 시대와 소비자의 욕구 변화를 민감하게 느끼고, 이를 마케팅 이론으로 제시해 왔습니다. 이러한 코틀러의 정신을 담아, 코틀러 마케팅의 기본 이론을 설명하고 마케팅 초보자도 한눈에 이해할 수 있도록 일러스트로 정리했습니다.

이 책을 통해, '우리가 지금 해야 할 마케팅은 무엇인가?'라는 근원적 물음에 해답이 될 코틀러의 마케팅 이론을 이해하게 되면, 기업에 종사하는 마케터와 창업으로 시장 개척을 꿈꾸는 수많은 개인사업자뿐만 아니라, 마케팅의 본질을 탐구하는 학생 및 일반인들에게도 많은 도움이 될 것입니다.

아베 테츠야

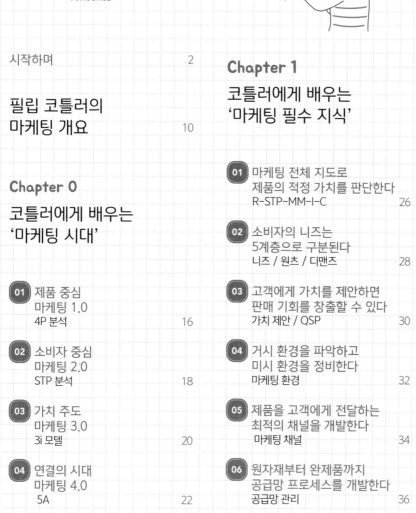

뉴 노멀 시대, 트렌드를 주도하고
저절로 팔리는 구조를 만든다!

기본부터 실전까지 일러스트로 이해하는

필립 코틀러의
마케팅 수업

Contents

Chapter 2
코틀러에게 배우는 '마케팅 전략'

Chapter 3

변화와 기회를 통찰하는
'시장 전략'

Chapter 4

고객 충성도를 높이는
'고객 유지 전략'

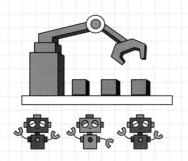

Chapter 7

고객의 마음을 사로잡는
'촉진 전략'

Chapter 8

연결의 시대
'디지털 마케팅 전략'

필립 코틀러의

경영학의 권위자 필립 코틀러가 제창한 마케팅

1900년대
마케팅 1.0

제품 중심

1900년대 무렵부터 제품 판매, 가격 설정, 유통, 촉진 이라는 방법론의 초석이 구축되었다.

제품

대량생산
수요가 공급을 상회했던 시대의 기본적인 마케팅

3종의 혁신적인 전자제품
1950년대 혁신적인 3대 전자제품 흑백TV, 냉장고, 세탁기가 출시되었다.

기업 주도
경쟁이 적고, 기업이 제품을 개발하기만 하면 수요는 언제나 있었다.

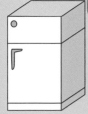

냉장고

흑백 TV

흑백TV, 냉장고, 세탁기 라는 혁신적인 전자제품이 보급되면서 마케팅 개념이 탄생했죠.

세탁기

마케팅 개요

100년의 흐름을 소개합니다.

1970년대
마케팅 2.0

고객 지향

1970년대는 제품 차별화
및 세분화를 통해 정확하게
고객의 니즈를 충족시키는
것이 중요해졌다.

뾰오~옹!

사고 싶다!

고객 니즈
세분화, 차별화로
고객이 원하는 것이
명확해졌다.

만들어야지!

기업
기업 주도가 아닌
고객 니즈에 기초
한 제품을 만들
게 되었다.

고도의 경제성장
세계가 급격한 경제
성장을 이루었고,
생활이 윤택해졌다.

경쟁
가격 경쟁, 제품 차별화 등
경쟁이 매출을 좌우하게 되었다.

에어컨

컬러 TV   자동차

수많은 제품이
시장에 출시되면서
선택지가 풍부해졌죠.

디지털 시대가 왔다!

이제는 제품의 품질만을 따지는 시대가 아닙니다.

1990년대

마케팅 3.0

가치 주도

휴대전화, SNS의 등장으로 제품뿐만 아니라, 제품에 수반되는 '가치'도 중요해졌다.

휴대전화
휴대전화, 스마트폰은 시장의 모습을 급격히 변화시켰다.

전자상거래
정보 수집의 방법이 다양해지고, 비즈니스의 방법도 큰 변화를 맞이했다.

유행의 가속화
예전보다 상대적으로 유행의 변화가 빨라졌다.

루즈 삭스   다마고치

SNS 커뮤니케이션이
중요해!

경쟁보다 협력으로
승리를 도모하는
시대가 도래했습니다.

2010년대
마케팅 4.0

연결의 시대

소셜 네트워크는 대중의
주요한 정보원이 되었고,
그로인해 시장은 한층 더
발전하였다.

SNS
기업 홍보나 광고보다
SNS 평판의 효과가 크다.

스마트폰
쇼핑, 정보수집, 커뮤니케이션,
스마트폰이 시장을 변화시켰다.

SNS

전자상거래
온라인 쇼핑몰이 시장의
큰 비중을 차지하고 있다.

공동 창조
가치 창조를 위해 경쟁을
넘어 협력하게 되었다.

ECO
기업의 이념과 정책이
제품에 영향을 주게 되었다.

0 Chapter

PHILIP KOTLER
MARKETING
VISUAL NOTES

코틀러에게 배우는
'마케팅 시대'

대량생산 · 대량소비라는 단순한 사고방식에 갇혀 있으면, 글로벌 경제 시대에서 생존할 수 없습니다.

마케팅의 개념이 탄생한 뒤, 100여 년이 흘렀습니다. 초기에는 매우 단순한 사고방식으로 출발했지만, 경제활동이 점점 복잡해지고 세계 규모로 확장하면서 많은 변화가 일어났습니다. 필립 코틀러는 이러한 마케팅의 시대적 변화와 흐름을 이론으로 체계화하였습니다.

01

제품 중심 마케팅 1.0

코틀러가 제창한 마케팅 1.0은 일반 대중을 대상으로 한 제품 중심 마케팅입니다.

마케팅이라는 용어를 처음 사용한 시기는 1900년대 무렵입니다. 수요가 공급을 훨씬 초과하는 단순한 사회구조였기에 기업은 효율적으로 대량생산하고, 소비자에게 전달하기만 해도 팔리던 시대였습니다.

1900년대의 기업은 판매 경로와 양을 판단하기 위해 시장과 소비자를 분석하는 것이 마케팅이라는 사고방식을 가지고 있었습니다.

마케팅의 기초 4P 분석

4P 분석은 마케팅의 핵심 개념입니다.

기업이 고객에게 어떤 제품을 팔지 정하고, 고객의 선호 제품을 개발한다. 기업 측의 발상이 수요나 고객 정보보다 우선한다.

가능한 한 많은 고객에게 제품을 팔 수 있는 가격을 설정해야 한다.
비용에 이익을 더하는 것이 기본.

PRICE
₩100,000

제품(Product)

가격(Price)

　1960년대 무렵에 이르러 다양한 마케팅 방법이 보편화하면서, 마케팅의 근간이라고 할 수 있는 '4P 분석' 개념이 탄생하였습니다. 제품 중심의 4P '제품^{Product}, 가격^{Price}, 유통^{Place}, 촉진^{Promotion}'을 중요하게 여겼습니다.

　4P는 여전히 중요한 마케팅의 방법론 중 하나입니다. '어떤 제품을 만들 것인가, 가격을 얼마로 설정할 것인가, 어떤 채널로 판매할 것인가, 어떻게 홍보할 것인가'는 모든 사업 분야에 필수적인 개념입니다.

　경쟁자와 제품이 많지 않았고, 소비자는 기업에서 제공하는 제품을 사는 것만으로도 기쁨을 느꼈던 시대의 사고방식입니다.

　코틀러는 이 시대를 마케팅 1.0이라고 정의하였습니다.

제품을 고객에게 전달하기 위한 운송 수단과 판매처를 정한다. 가능한 한 많은 제품을 전달하기 위해서는 많은 판매처와 운송 수단이 필요하다.

제품을 가능한 한 많은 고객에게 알리기 위해 홍보나 광고가 필요하다.
촉진의 성과가 높으면 제품 판매량이 많아진다.

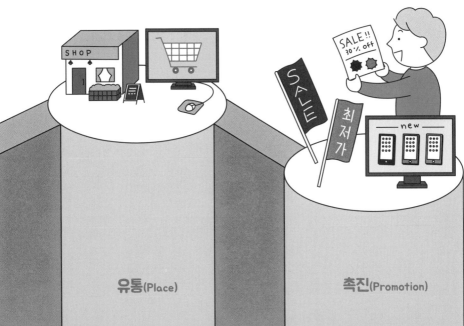

유통(Place)　　　촉진(Promotion)

02 소비자 중심 마케팅 2.0

1970년대에 들어서면서 제품 중심에서 고객 중심으로 시대가 전환했습니다. 코틀러는 이를 '마케팅 2.0'이라고 제창하였습니다.

전 세계적으로 급격한 경제 성장을 이룬 1970년대에는 수많은 제품이 출시되었고, 소비자의 선택지가 풍부해졌습니다. 기업은 치열한 경쟁에서 생존하기 위해, 기존의 제품 지향 마케팅에서 벗어나 새로운 방법을 모색할 필요가 있었습니다. 그 결과, '고객이 진정 원하는 것이 무엇인가?'라는 사고를 중심으로 구매자 개개인의 요구를 반영하는 소비자 지향적 마케팅으로 전환하게 됩니다.

세분화와 차별화 STP 분석

시대적 상황에 맞춰 코틀러는 시장과 고객에 중점을 둔 STP 분석(시장 세분화^{Segmentation}, 타깃 시장 선정^{Targeting}, 명확한 입지 선정^{Positioning})을 제안했습니다. 평이한 제품은 시장에서 점차 팔리지 않게 되고, 더욱 뛰어난 개성이 담긴 제품이 요구됩니다.

기업은 '다른 제품보다 유용한 기능과 디자인은 무엇인가?, 고객 개인이 원하는 것은 무엇인가?' 등 소비자에 관해 새로운 관점에서 세밀하게 생각하게 되었습니다. 그리고 시장 세분화와 타깃화에 집중하여 제품과 서비스를 만들기 시작했습니다.

코틀러는 이를 마케팅 2.0이라고 정의합니다. 소비자 욕구를 우선시함으로써 더 나은 제품을 제공하게 된 것입니다.

Targeting
타깃 시장 선정
세분된 시장 중에서
자사 제품 판매에 적합한
타깃 시장을 선정한다.

Positioning
명확한 입지 선정
자사 입지를 명확히 하고
제품을 차별화하여
고객에게 자사 제품의 개성을
더욱 돋보이게 한다.

03 가치 주도 마케팅 3.0

인터넷의 등장으로 사회 모습이 크게 변화했습니다.
제품을 둘러싼 가치를 중시하는 시대가 도래하였습니다.

1990년대 이후, 스마트폰이나 PC로 소셜 네트워크를 활용하는 시대가 도래했습니다. 제3차 산업혁명이라 불리는 대변혁이 기업 홍보와 광고로 제품의 가치를 판단했던 시대에서 인터넷 입소문이 큰 영향력을 미치는 시대로 변화시켰습니다.

인터넷 보급으로 소비자는 제품뿐만 아니라 기업의 태도와 사고방식에도 관심을 가지게 되었고, 기업 역시 사회 공헌과 윤리적 활동을 소비자에게 알리게 되었습니다.

제3차 산업 혁명이란?

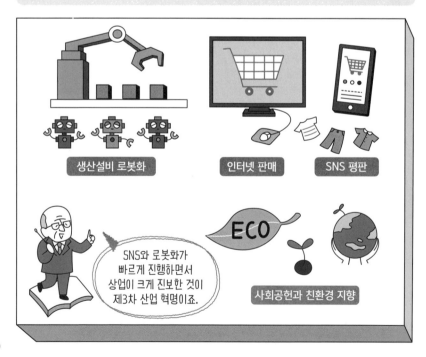

생산설비 로봇화

인터넷 판매

SNS 평판

SNS와 로봇화가 빠르게 진행하면서 상업이 크게 진보한 것이 제3차 산업 혁명이죠.

ECO

사회공헌과 친환경 지향

코틀러는 '정체성^{identity}, 이미지^{image}, 품격^{integrity}'이라는 3가지 측면에서 기업을 바라보는 3i 모델을 제시했습니다. 기업은 편리하고 저렴하고 품질 좋은 제품을 생산할 뿐만 아니라, 사회에 공헌하고 친환경 소재를 사용하는 등 윤리적 활동에도 적극적으로 참여해야 합니다.

'독보적인 독창성, 좋은 이미지, 신뢰할 만한 품격'이 코틀러가 제창한 마케팅 3.0의 개념입니다.

IT 시대의 3i 모델

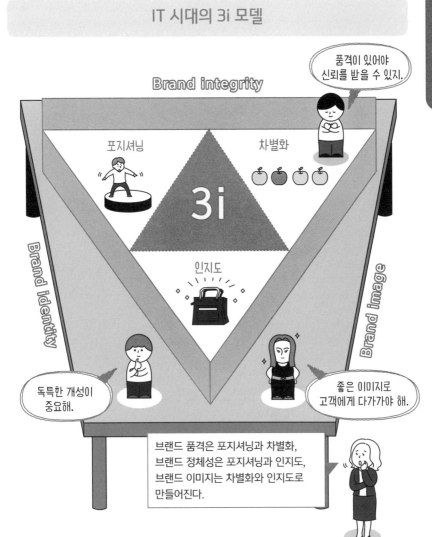

품격이 있어야 신뢰를 받을 수 있지.

Brand integrity

포지셔닝

차별화

3i

인지도

Brand Identity

Brand Image

독특한 개성이 중요해.

좋은 이미지로 고객에게 다가가야 해.

브랜드 품격은 포지셔닝과 차별화, 브랜드 정체성은 포지셔닝과 인지도, 브랜드 이미지는 차별화와 인지도로 만들어진다.

21

04 연결의 시대 마케팅 4.0

코틀러는 SNS로 상시 연결되는 시대에 맞춘 새로운 마케팅 방향을 '마케팅 4.0'으로 제창하였습니다.

2010년대에 들어서면서 소셜 네트워크 서비스로 소통하는 것이 일상화되었고, 커뮤니케이션 수단도 다양해졌습니다. 항상 타인과 연결되어 있고, 연락도 전화나 메일뿐만 아니라 다양한 소셜 네트워크 수단을 사용하는 것이 보편적인 시대가 되었습니다.

코틀러는 소셜 네트워크 서비스가 통용된 현대를 '연결의 시대'로 정의하고 마케팅 4.0의 키워드로 삼았습니다.

4A란?

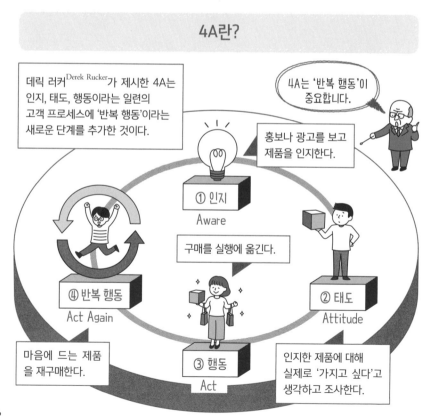

데릭 러커$^{Derek Rucker}$가 제시한 4A는 인지, 태도, 행동이라는 일련의 고객 프로세스에 '반복 행동'이라는 새로운 단계를 추가한 것이다.

4A는 '반복 행동'이 중요합니다.

홍보나 광고를 보고 제품을 인지한다.

① 인지
Aware

구매를 실행에 옮긴다.

④ 반복 행동
Act Again

마음에 드는 제품을 재구매한다.

② 태도
Attitude

③ 행동
Act

인지한 제품에 대해 실제로 '가지고 싶다'고 생각하고 조사한다.

디지털 시대에서 소비자는 온·오프라인을 자유롭게 이동하며, 다양한 커뮤니티의 반응을 관찰하고, 최종 결정을 내립니다. 즉, 사회적 영향은 소비자의 구매 행동을 분석하는 필수 요소가 되었습니다.

코틀러는 연결의 시대 변화에 맞춰 4A를 5A로 바꿔야 한다고 주장했습니다. 5A에서는 4A의 마지막 항목인 '반복 행동'이 '옹호'로 변경됩니다. 요컨대 입소문 효과가 현대 마케팅에 있어서 빼놓을 수 없는 요소가 된 것입니다. 자사 브랜드에 열광하고 옹호하는 팬을 많이 만드는 것이 연결의 시대 생존법입니다.

SNS시대의 5A

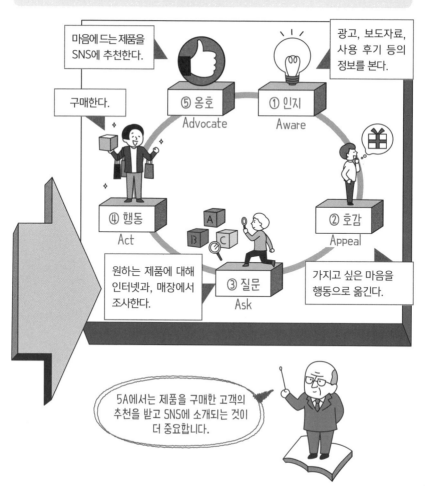

마음에 드는 제품을 SNS에 추천한다.

광고, 보도자료, 사용 후기 등의 정보를 본다.

구매한다.

⑤ 옹호
Advocate

① 인지
Aware

④ 행동
Act

② 호감
Appeal

원하는 제품에 대해 인터넷과, 매장에서 조사한다.

③ 질문
Ask

가지고 싶은 마음을 행동으로 옮긴다.

5A에서는 제품을 구매한 고객의 추천을 받고 SNS에 소개되는 것이 더 중요합니다.

1 Chapter

PHILIP KOTLER
MARKETING
VISUAL NOTES

코틀러에게 배우는
'마케팅 필수 지식'

최신 마케팅 경향을 이해하기 위해서는 여전히 중요한 개념인 '가치 주도' 마케팅 3.0을 반드시 숙지해야 합니다. 그래야 이를 토대로 마케팅 4.0과 5.0의 지식도 쌓아 올릴 수 있습니다.

01 마케팅 전체 지도로 제품의 적정 가치를 판단한다

어떤 제품을 만들어야 할지 알기 위해 다각적인 관점에서 제품에 대해 깊이 고찰해야 합니다. 필요한 적정 제품은 무엇일까요?

코틀러는 마케팅을 단순한 제품 판매 기술로 한정하지 말라고 강조합니다.

마케팅의 역할은 제품을 개발하기 전에 고객의 욕구를 세심히 살피고, 타사와의 차별화를 모색하며, 유통 경로를 파악하고, 비용과 가격 책정 후, '가치'를 판매하는 것입니다. 이를 마케팅 전체 지도라고 합니다.

코틀러는 마케팅 전체 지도를 파악하는 방법으로 R-STP-MM-I-C를 제시합니다.

'R-STP-MM-I-C'를 알아보자

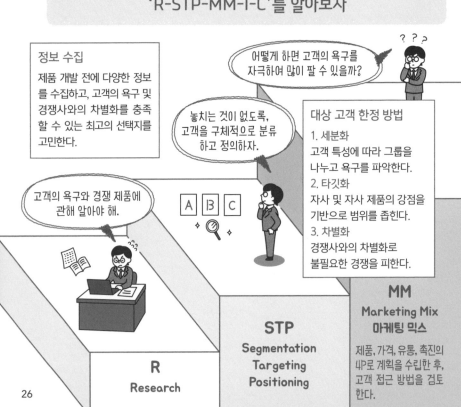

정보 수집
제품 개발 전에 다양한 정보를 수집하고, 고객의 욕구 및 경쟁사와의 차별화를 충족할 수 있는 최고의 선택지를 고민한다.

어떻게 하면 고객의 욕구를 자극하여 많이 팔 수 있을까?

놓치는 것이 없도록, 고객을 구체적으로 분류하고 정의하자.

대상 고객 한정 방법
1. 세분화
고객 특성에 따라 그룹을 나누고 욕구를 파악한다.
2. 타깃화
자사 및 자사 제품의 강점을 기반으로 범위를 좁힌다.
3. 차별화
경쟁사와의 차별화로 불필요한 경쟁을 피한다.

고객의 욕구와 경쟁 제품에 관해 알아야 해.

A B C

MM
Marketing Mix
마케팅 믹스
제품, 가격, 유통, 촉진의 4P로 계획을 수립한 후, 고객 접근 방법을 검토한다.

STP
Segmentation
Targeting
Positioning

R
Research

Research^{정보수집}, STP$^{Segmentation \ 세분화, \ Targeting \ 타깃화, \ Positioning \ 차별화}$, MM$^{Marketing \ Mix \ 마케팅 \ 믹스}$, Implementation^{실행}, Control^{개선}의 각 요소들을 정확히 파악하면 제품의 적정 가치를 알 수 있습니다.

예를 들어, 제품 인지도를 높이고자 촉진에 최선을 다해도 제품의 가치와 가격이 고객의 욕구를 충족하지 못하면 의미가 없습니다. 또한, 촉진에 성공하여 수요가 급증해도 공급 능력이 받쳐주지 못하면 고객이 원하는 시기에 제품을 제공할 수 없습니다.

수요, 공급, 촉진의 균형을 적절히 맞추는 것 또한 마케팅의 역할입니다.

02 소비자의 니즈는 5계층으로 구분된다

마케팅은 고객의 욕구를 정확히 파악해야 합니다.
코틀러는 본원적 욕구, 구체적 욕구, 수요를 구별하여 정의했습니다.

코틀러는 마케팅의 근본인 소비자의 욕구를 니즈$^{needs=본원적 욕구}$(필요성), 원츠$^{wants=구체적 욕구}$(욕구), 디맨즈^{demands}(수요)로 구분하여 정의합니다.

니즈는 '맛있는 음식을 먹고 싶다'처럼 소비자의 생리적·사회적·개인적 욕구입니다. 니즈는 마케팅을 통해 원츠로 전환될 수 있습니다.

원츠는 니즈를 충족하기 위해 '○○을 가지고 싶다'고 생각하는 욕구의 구체적인 형태이며 마케팅에 의해 유도될 수 있습니다.

소비자의 니즈 5계층

① 분명한 니즈
발이 편한 신발을 가지고 싶다.

운동화가 필요해.

② 진정한 니즈
디자인이 근사하고, 가격도 적당한 신발을 원한다.

저렴할 뿐만 아니라 디자인도 좋은 거로!

이 매장에는 제품 종류가 다양해서 좋아.

⑤ 숨겨진 니즈
SNS에서 '좋아요!'를 많이 받는 제품이 좋다.

'좋아요'가 많이 달렸어!

기대 이상의 혜택이 있다면 또 쓰고 싶다.

④ 기쁨의 니즈
할인이나 사은품 같은 혜택이 있어서 좋다.

③ 분명하지 않은 니즈
다양한 제품을 보고 그 중에서 선택하고 싶다.

소비자의 니즈

디맨즈는 특정 제품과 서비스에 대해 구매 의사가 있는 수준까지 원츠가 높아진 상태입니다. 마케팅에 의해 원츠도 디맨즈로 전환될 수 있습니다.

더 나아가, 코틀러는 소비자의 니즈를 '①분명한 니즈 → ②진정한 니즈 → ③분명하지 않은 니즈 → ④기쁨의 니즈 → ⑤숨겨진 니즈'의 5계층으로 분류했습니다. 고객이 자신의 니즈가 무엇인지 정확하게 인지하지 못하기도 하므로, 고객의 니즈를 제대로 파악하기 위해서는 니즈, 원츠, 디맨즈의 차이를 알아야 합니다.

흔히 하는 말이지만…

니즈에서 디맨즈까지 어떻게 연결되는지 생각해보세요.

니즈
나무에 구멍을 뚫어서 선반으로 만들고 싶다.

원츠
구멍을 뚫는 드릴!

디맨즈
예산 내에서 선반 완성!

이런 걸 가지고 싶었어.

어느 걸 사는 것이 정답일까?

흐~음

A

B

원츠(욕구)
니즈가 음식이라면, 라면, 피자 등의 구체적인 음식은 원츠이다. 고객이 가지고 싶다고 생각하고 원하는 구체적인 대상이다.

디맨즈(수요)
구매력을 동반한 원츠를 디맨즈라고 한다. 고객이 가지고 싶어도 예산과 맞지 않으면 실현되지 않는다.

03 고객에게 가치를 제안하면 판매 기회를 창출할 수 있다

코틀러는 고객의 니즈를 만족시키기 위해서 기업이 '가치'를 제공해야 한다고 강조합니다.

기업은 제품 판매에 있어 단순히 기능과 가격에만 집중할 것이 아니라, 고객에게 제품이 제공할 '가치'에 초점을 맞추는 것이 중요합니다. 예를 들어, '비용이 저렴하고 견고한 친환경 주택'이라는 통합적 가치를 제안하면, 소비자의 원츠는 무한히 높아집니다. 이를 가치 제안value proposition이라고 합니다. 명확한 가치를 제안받은 소비자에게는 기업과 제품에 대한 특정 이미지가 각인됩니다. 그 이미지는 더 많은 욕구로 연결됩니다.

고객에게 어떤 가치를 제안할 것인가

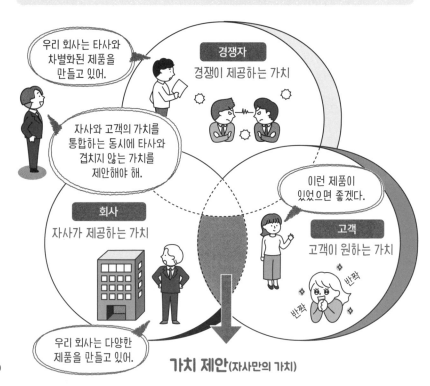

도시락 제조 업체가 '맛있고, 빠르고, 저렴하다'라는 통합적 가치를 제안하면 많은 판매 기회를 창출할 수 있습니다. '맛있다=품질, 빠르다=서비스, 저렴하다=가격'이 고객에게 제안된 가치입니다.

고객 가치 3요소를 QSP라고 하며, '품질^{Quality}, 서비스^{Service}, 가격^{Price}' 입니다. 품질이 높고 서비스가 좋으며 가격이 저렴하면 고객 가치가 높아지지만, 품질은 낮은데 가격이 높거나, 품질이 높아도 서비스가 별로라면 가치는 낮아집니다. 코틀러는 가치 제안에서 QSP의 균형을 맞추는 것이 매우 중요하다고 강조합니다.

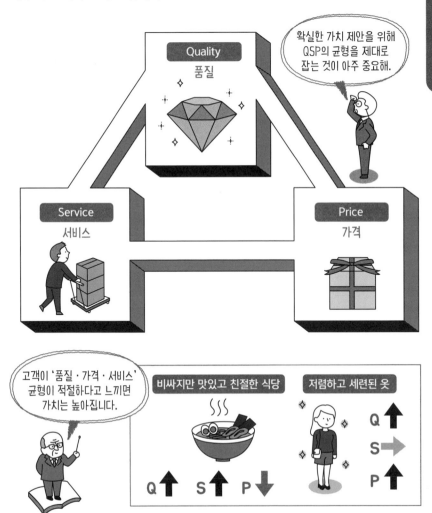

04

거시 환경을 파악하고
미시 환경을 정비한다

코틀러는 마케팅에 있어서 중요한 외부 환경을 거시 환경과 미시 환경, 두 가지로 나누어 생각합니다

외부 환경은 마케팅에서 매우 중요한 요소입니다. 코틀러는 마케팅 환경을 '기업의 외적 요인으로 기업과 관련된 다양한 영향력과 제도의 총체'라고 정의하고, 미시 환경과 거시 환경으로 분류합니다.

미시 환경은 기업, 공급업체, 유통업체, 타깃 고객으로 기업이 어느 정도 제어할 수 있는 환경입니다. '원료 조달 → 제조 → 유통 → 촉진 → 판매 → 고객'으로 이어지는 제조 과정을 분석하고 시책의 과부족을 판단하

미시 환경이란?

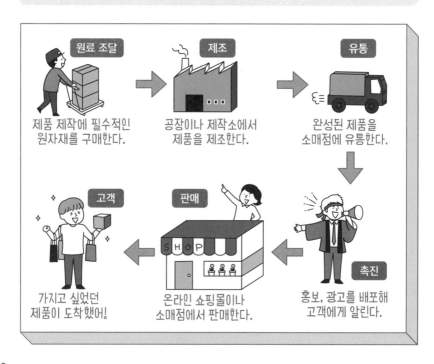

원료 조달
제품 제작에 필수적인 원자재를 구매한다.

제조
공장이나 제작소에서 제품을 제조한다.

유통
완성된 제품을 소매점에 유통한다.

촉진
홍보, 광고를 배포해 고객에게 알린다.

판매
온라인 쇼핑몰이나 소매점에서 판매한다.

고객
가지고 싶었던 제품이 도착했어!

는 자료가 됩니다. 예를 들어, 유통 채널이 제품과 맞지 않으면 아무리 좋은 제품을 개발해도 효과적으로 판매할 수 없습니다.

　거시 환경에는 인구통계, 경제, 자연, 기술, 정치·법률, 사회·문화 등의 6가지 요소가 있으며, 기업 스스로 제어할 수 없는 환경입니다. 세계 상황과 트렌드를 구체적으로 파악하다 보면, 실행할 수 있는 것과 검토해야 할 것이 보이고 기회를 포착할 수 있습니다.

　미시 환경과 거시 환경을 종합적으로 평가해야 기업에 적합한 마케팅을 진행할 수 있습니다.

거시 환경이란?

05 제품을 고객에게 전달하는 최적의 채널을 개발한다

제품과 정보가 전달되는 경로인 채널을 통해 최적의 마케팅 방법을 생각합니다.

제품이 고객에게 전달되기까지 도·소매업체를 포함하여 여러 판매 채널이 존재합니다. 이러한 다양한 채널과 조직을 마케팅 채널이라고 합니다. 코틀러는 3가지 마케팅 채널로 유통 채널, 판매 채널, 커뮤니케이션 채널을 제시합니다.

유통 채널은 제조업체부터 소비자까지의 경로입니다. 물류회사, 도매상, 도매업체, 소매업체 등이 포함됩니다. 직접 유통 채널과 간접 유통 채널로

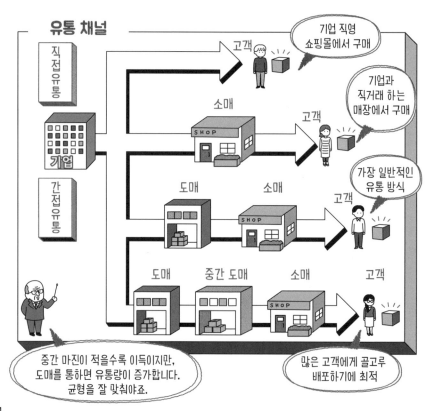

유통 채널

직접유통 → 고객 — 기업 직영 쇼핑몰에서 구매

기업 — 소매 SHOP → 고객 — 기업과 직거래 하는 매장에서 구매

간접유통

도매 — 소매 SHOP → 고객 — 가장 일반적인 유통 방식

도매 — 중간 도매 — 소매 SHOP → 고객

중간 마진이 적을수록 이득이지만, 도매를 통하면 유통량이 증가합니다. 균형을 잘 맞춰야죠.

많은 고객에게 골고루 배포하기에 최적

구분되며, 간접 유통 채널은 유통 채널의 길이에 따라 3단계로 나뉩니다.

판매 채널은 소비자에게 제품을 판매하는 장소와 판매 방식입니다. 소매업체나 온라인 쇼핑몰 등입니다.

커뮤니케이션 채널은 소비자에게 메시지를 전달하는 수단입니다. TV, 신문, 잡지, SNS 홍보 등입니다.

코틀러는 마케팅 채널의 주요 역할은 '잠재적 구매자로부터 수익성 있는 주문을 끌어내는 것'이라 정의하고, '마케팅 채널은 단순히 제품을 시장에 공급하는 데 그치지 말고, 시장을 창출해야 한다'고 말합니다.

06 원자재부터 완제품까지 공급망 프로세스를 개발한다

채널은 기업에서 고객까지의 경로뿐만 아니라, 제품에서 판매까지의 생산 채널에도 존재합니다

마케팅 채널은 기업과 소비자를 연결합니다. 원자재부터 완제품까지 이어지는 더 긴 채널을 '공급망supply chain'이라고 합니다. 코틀러는 공급망을 '가치 전달 시스템'으로 설명합니다. 상류upstream인 원재료 조달부터 하류downstream인 고객까지의 과정을 거치면서 제품 가치가 변동되다가, 고객에 도달하기 직전에 최종 가치가 결정된다는 것을 의미합니다.

공급망이란?

원재료부터 완제품까지 일련의 생산·유통 프로세스를 말한다.

원자재는 더 저렴하고 좋은 것으로

제조

공정을 좀 더 줄일 수 있으면 좋겠다.

조달

제조 공정을 개선하면 제품 품질이 향상되고 비용이 절감됩니다.

코틀러는 마케팅이 주로 하류에 있는 고객에게 초점을 맞추는 경향이 있지만, 상류인 공급망에서도 공급업체 및 리셀러^{reseller}와의 관계를 확실히 구축하고, 최적화해야 한다고 지적합니다. 공급망의 흐름을 공식화하고, 흐름에서 낭비를 제거하는 것을 '공급망 관리^{SCM: Supply Chain Management}'라고 합니다.

공급망 관리에서는 수요 예측이 가장 중요합니다. 제품을 과잉 생산하지 않고 수요에 맞춰 적절히 공급할 수 있다면, 초과 재고 문제에서 벗어날 수 있습니다. 공급망 관리는 기업의 이익 차원에서 비용 절감에 매우 중요한 역할을 합니다.

낭비를 줄이려면 공급망 관리가 중요하다

2 Chapter

PHILIP KOTLER
MARKETING
VISUAL NOTES

코틀러에게 배우는
'마케팅 전략'

제품을 만들면 저절로 팔리던 시대는 지나갔습니다. 제품 차원이 아닌 사업 자체의 정책을 확고히 세워야 합니다.

마케팅은 미시적 관점뿐만 아니라 거시적 관점도 중요합니다. 무언가를 팔고자 할 때마다 '어떻게 팔까?'라는 근원적 질문에서 출발하기 때문입니다. 그 근원이 되는 마케팅 계획과 전략을 개발하는 것이 코틀러가 제안하는 마케팅의 첫 단계입니다.

01 고객에게 가치를 전달하는 과정을 3단계로 생각한다

코틀러는 좋은 가치를 선택·제공·전달하기 위한 '가치 전달 프로세스'가 중요하다고 주장합니다.

마케팅을 떠올리면 생각나는 이미지가 과거에는 '기업이 제품과 서비스를 만들어 판매한다'였습니다. 물론, 소비자들이 품질이나 스타일에 불만을 느끼지 않았던 물량 부족 시대에는 성공적이었습니다.

똑똑한 소비자, 풍부한 선택지, 치열한 경쟁의 시대가 도래하자 대량 판매 중심의 매스 마켓mass market은 수많은 마이크로 마켓micro market으로 세분되었고, 소비자는 독자적 욕구, 취향, 구매 기준을 가지게 되었습니다.

가치 전달 프로세스

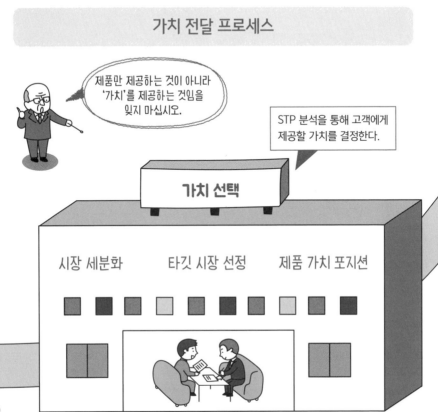

제품만 제공하는 것이 아니라 '가치'를 제공하는 것임을 잊지 마십시오.

STP 분석을 통해 고객에게 제공할 가치를 결정한다.

가치 선택

시장 세분화   타깃 시장 선정   제품 가치 포지션 코틀러는 선택의 폭이 넓어진 시대에는 기업이 수익 창출뿐만 아니라, 고객에게 탁월한 '가치'를 전달하는 것이 중요하다고 강조하며, 3단계 '가치 전달 프로세스'를 제시했습니다.

1단계는 제품 제조에 앞서 가치 선택을 해야 합니다. STP 분석을 통해 시장을 세분화하고, 타깃 시장을 선정하며 제품의 가치를 포지셔닝합니다.

2단계는 가치 제공으로 제품의 기능, 디자인, 가격 및 유통을 구체적으로 결정합니다.

3단계는 판매촉진과 광고로 제품을 알리고 촉진하는 가치 전달입니다.

가치 제공

고객에게 제공할 가치를 제품에 담고, 최적의 유통 채널을 개발한다.

제품 개발   가격 설정

서비스 개발   원자재 조달·제조   유통 채널

가치에 기반한 촉진을 실행한다.

가치 전달

사실, 촉진 시점에 가치를 결정하는 것이 가장 효과적이라고 해도 과언은 아닙니다.

영업(판매처)

판매촉진   광고

SALE

02 가치는 어디에서 만들어지는가? 가치 사슬 분석

제품의 부가가치는 어디에서 창출될까요?
가치 사슬을 분석하면 자사의 강점이 드러납니다.

코틀러는 기업의 성공은 여러 사업 부문들의 활동이 핵심 사업을 위해 서로 잘 연결되어 있는지에 달려 있다고 말합니다. 그리고 고객 가치 창출 방법을 찾아내는 도구로 마이클 포터Michael E. Porter의 가치 사슬value chain을 소개합니다.

'가치 사슬'은 사업 활동을 제조와 판매, 그리고 이를 지원하는 기술 개발과 인사·노무 관리 등의 기능별로 분류하고 가치의 연쇄로 보는 개념입니다.

가치 사슬의 구조

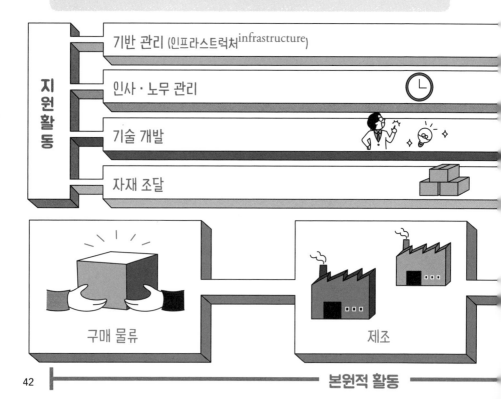

지원 활동
기반 관리 (인프라스트럭처infrastructure)
인사·노무 관리
기술 개발
자재 조달

구매 물류 | 제조

본원적 활동

경쟁사와 비교해 강·약점을 분석하고, 경쟁우위 및 사업전략을 개선할 방안을 모색하는 분석 도구로 활용됩니다. 마이클 포터는 기업 활동을 본원적 활동primary activities 과 지원 활동support activities 으로 구분합니다.

본원적 활동은 순차적 흐름과 직접적으로 관련된 원자재 구매 물류, 제조, 출하 물류, 판매·서비스, 마케팅 활동 등입니다. 지원 활동은 본원적 활동을 지원하는 인사, 노무, 회계, 기술 개발, 조달 등의 간접부문입니다.

가치 사슬 분석으로 어느 공정에서 부가 가치가 창출되는지 알 수 있으며, 경쟁사의 가치 사슬과 비교함으로써 자사의 강·약점이 명확해집니다.

03 핵심 가치를 발굴하고 우수한 분야에 주력한다

가치 사슬의 모든 프로세스를 자사에서 완성할 필요는 없습니다.
가능하면 전문 업체에 위탁하는 것도 효율적인 방법입니다.

　기업 전사 차원에서 '가치 사슬'을 분석하면 자사에 유용한 핵심 가치가 무엇인지 알 수 있습니다. 단, 비용을 고려하여 특정 가치를 취사선택해야 합니다. 우수한 분야에 최대한 주력하고, 미숙한 분야는 전문 업체에 위탁하면, 기업 가치를 비약적으로 높일 수 있습니다.

　기업의 우수한 분야를 판별하는데 중요한 3요소는 '핵심 자원core resource, 핵심 역량core competency, 조직력capability'입니다.

경쟁 우위를 인식하는 요소

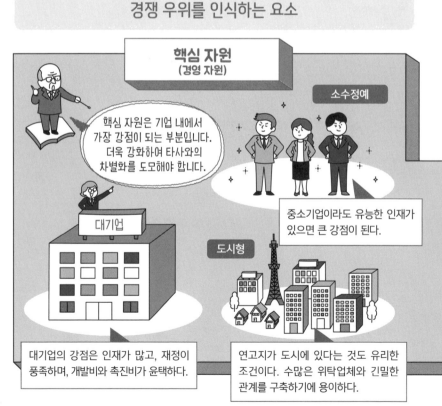

핵심 자원
(경영 자원)

소수정예

핵심 자원은 기업 내에서 가장 강점이 되는 부분입니다. 더욱 강화하여 타사와의 차별화를 도모해야 합니다.

중소기업이라도 유능한 인재가 있으면 큰 강점이 된다.

대기업

도시형

대기업의 강점은 인재가 많고, 재정이 풍족하며, 개발비와 촉진비가 윤택하다.

연고지가 도시에 있다는 것도 유리한 조건이다. 수많은 위탁업체와 긴밀한 관계를 구축하기에 용이하다.

'핵심 자원'은 기업의 핵심 경영 자원입니다. 가장 우위성을 발휘할 수 있는 요소이며, 핵심 자원을 늘리면 기업 가치가 높아집니다.

'핵심 역량'은 기업의 핵심 가치로, 기술과 노하우 등에 초점을 맞춘 것입니다. 장인의 숙련된 기술과 특별한 비법처럼 타사가 쉽게 모방할 수 없는 노하우를 말합니다.

'조직력'은 기업 전체 조직의 역량입니다. 발주받은 제품을 다른 업체보다 빠르고 높은 품질로 납품할 수 있다면 조직력이 큰 강점이 됩니다.

이 3가지 요소를 판별하고 강화하는 과정이 중요합니다.

기업의 강점을 살리고 가치를 높이면 우위를 점할 수 있다.

위탁

기술·기능

자사의 핵심 능력이 기술과 기능인 경우도 있다.

핵심 역량

조직력

조직 전체의 속도와 효율성 등의 종합력

조직력

04 마케팅 전략 계획을 조직 수준별로 수립한다

코틀러는 마케팅 관리를 이해하려면 전략 계획을 알아야 한다고 말합니다.

　마케팅 전략을 수립하려면 전략 계획을 선행해야 합니다. 일정 규모에 도달한 기업은 조직 차원에서 전략 계획을 수립할 필요가 있습니다.

　코틀러는 대다수 기업이 '전사 〉 사업부 〉 사업 단위 〉 제품'의 조직 수준으로 구축되어 있으며, 각 조직 수준별로 전략 계획을 수립해야 한다고 말합니다.

　'전사 수준'에서는 이익률과 기대 가치를 기준으로 경영 자원과 인적 자원을 어떻게 배분할지 계획합니다.

전략 계획 수립

'사업부 수준'에서는 할당된 자원을 사업 단위에 어떻게 배분할 것인지 계획합니다.

'사업 단위 수준'에서는 과거 경상 이익 및 목표를 바탕으로 예산을 산출하고 실현 가능한 사업을 계획합니다.

'제품 수준'에서는 출시 제품, 가격, 매출 목표, 손익분기점을 책정합니다.

이러한 마케팅 전략 계획을 통해 어떤 고객에게 어떤 가치를 제공할지 결정할 수 있고, 거시적인 관점부터 미시적인 제품 판매 방식까지 점진적이고 종합적으로 파악할 수 있습니다. 이는 제품의 가치를 포괄적인 관점에서 인식하기 위해 필요한 과정입니다.

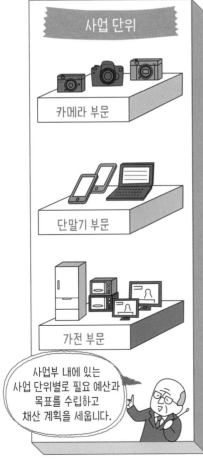

05 기업의 존재 이유와 미래상을 명확히 한다

코틀러는 다가오는 시대에 기업은 사화와 관련하여 사명과 비전을 명확히 해야 한다고 말합니다.

기업은 제품 개발에 앞서 이념과 방침을 최상위 전략으로 구축합니다. 코틀러는 이를 사명^{mission}과 비전^{vision}이라고 정의합니다. '사명'은 기업이 존재하는 이유이고, '비전'은 기업이 추구하는 미래상입니다.

기업의 사명이나 비전과 거리가 먼 제품은 아무리 수요가 높아도 기업에 유용한 제품이라고 할 수 없습니다. 사명과 비전은 다양한 선택지가 있는 제품을 개발할 때 중요한 기준이 됩니다.

사명과 비전

대형 유통·소매 기업인 AEON의 사명은 '항상 고객의 입장을 핵심으로 하여 평화를 추구하며, 인간을 존중하고, 지역사회에 공헌한다'입니다. 이에 따라 AEON은 쇼핑센터를 입점시킨 지역 사회에 공헌하는 활동을 적극적으로 펼치고 있습니다.

중고 서적, 게임 CD, DVD 대여와 판매를 주력으로 하는 GEO 홀딩스는 '포켓머니로 즐기는 레저'를 사명으로 삼고 있으며, 사업 방향과도 일맥상통합니다.

이렇듯 사명과 비전을 통해 일관성 있는 기업 이미지를 만들 수 있습니다.

대기업의 사명과 비전 사례

AEON

🗒 사명

항상 고객의 입장을 핵심으로 하여 평화를 추구하며, 인간을 존중하고, 지역 사회에 공헌한다

🗒 비전

끊임없이 혁신하는 기업 그룹으로서 고객 최우선을 실천한다

GEO
게임·DVD

JUMBLE
STORE
양복

2nd
STREET
리사이클 숍

GEO 홀딩스

🗒 사명

포켓머니로 즐기는 레저

🗒 비전

Change as Chance
변화 속에 기회도 있다. 두려워하지 말고 앞으로 나아가자.

06 사명 선언문에 담겨야 하는 3가지 요소

코틀러는 뛰어난 사명을 개발하기 위해서는 실현 불가능해 보이는 비전이 필요하다고 말합니다.

전략 계획을 수립할 때, 자사의 존재 이유인 사명을 명확히 해야 합니다. 사명 선언문mission statement은 기업이 고객과 대중에게 사명을 전파하고자 명문화한 것입니다. 코틀러는 기업이 원하는 미래상을 제시하되, 비전에 '실현 불가능해 보이는 목표'를 담아야 큰 위력을 발휘한다고 말합니다.

훌륭한 사명 선언문에는 3가지 특징이 있습니다.

'사명 선언문'이란?

사명은 기업 이념이며 모든 임직원이 명심해야 합니다.

목표를 최대한 좁힌다.

기업이 소중히 여기는 이념과 가치를 강조한다.

경쟁 영역을 명확히 한다.

이념 가치

사명 선언문의 정의

첫째, 목표를 한정하고 집중합니다. 둘째, 소중하게 여기는 핵심 이념과 가치를 강조합니다. 셋째, 핵심 경쟁 영역을 명확히 합니다.

코틀러는 훌륭한 사명 선언문에는 소비자의 삶을 변화시킬 수 있는 새로운 비즈니스 전망이 담겨 있어야 하며, 그것을 '남다른 비즈니스'라고 말합니다.

사명을 널리 전파하기 위해서는 소비자가 감동할만한 스토리가 있어야 하고, 이를 확산하기 위한 노력이 필요합니다. 덧붙여 사명을 실현하려면 '소비자 참여'가 필수 불가결한 요소라고 강조했습니다.

사명 공표의 효과

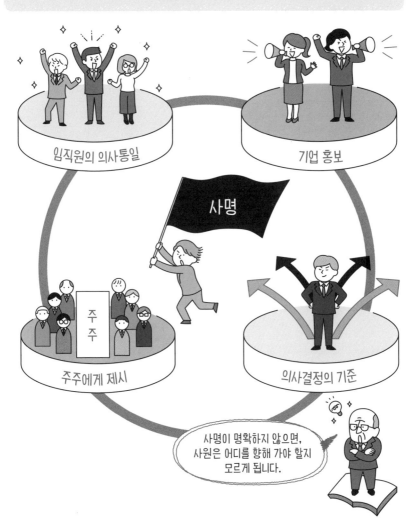

임직원의 의사통일

기업 홍보

사명

주주

주주에게 제시

의사결정의 기준

사명이 명확하지 않으면, 사원은 어디를 향해 가야 할지 모르게 됩니다.

07 마케팅 전략을 수립할 전담 부서를 만든다

코틀러는 마케팅 전략 계획 수립을 전담할 전략 사업 단위를 만들 필요가 있다고 말합니다.

사업 전략 계획을 수립할 때, 독립적으로 역할을 전담할 '전략 사업 단위 SBU: Strategic Business Unit'를 선정합니다.

사업 단위 전략은 광의적 의미를 내포하고 있기 때문에 제품 단위 전략보다 수명이 깁니다. 예를 들어, 스마트폰을 제품 단위로 생각하면, 특정 시기에 수요가 사라질 위험이 있지만, 'IT 도구'라는 사업 단위에 포함하면 제품이 변경되어도 사업 수명은 남아있습니다.

전략 사업 단위의 조건

전략 사업 단위는 '고객 니즈, 고객 그룹, 기술'의 3요소로 정의할 수 있습니다. '어떤 니즈가 있는가? 같은 니즈를 가진 그룹 특성은 무엇인가? 어떤 기술을 제공할 것인가?'로 범위를 좁혀가면 사업 단위가 분명해집니다.

전략 사업 단위를 성공적으로 운영하려면, '①독립 부서로 운영할 것, ②사업 분야에 독자적 경쟁이 존재할 것, ③사명감 있는 리더가 지휘할 것'의 3가지 원칙을 지켜야 합니다. 동등하거나 강력한 경쟁업체가 존재한다는 것은 사업에 승산이 있음을 의미하고, 사명감 있는 리더는 사업을 성공으로 이끌 잠재력을 가지고 있다고 할 수 있습니다.

특징

경쟁 업체가 있다는 것은 승산이 있다는 것이다.

사업에는 사명감 있는 리더가 필요하다.

경쟁

책임자

독립된 사업

자사의 다른 사업과 중복되지 않아야 한다.

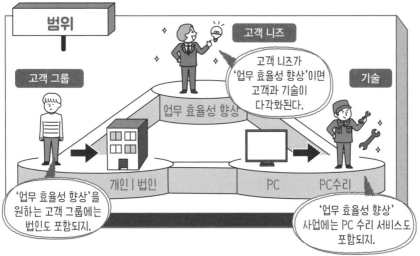

범위

고객 니즈

고객 그룹

기술

고객 니즈가 '업무 효율성 향상'이면 고객과 기술이 다각화된다.

업무 효율성 향상

개인 | 법인

PC

PC수리

'업무 효율성 향상'을 원하는 고객 그룹에는 법인도 포함되지.

'업무 효율성 향상' 사업에는 PC 수리 서비스도 포함되지.

08

전략 사업 단위에
인력, 물자, 자금을 배분한다

전략 사업 단위(SBU)가 정해지면, 각각의 사업 단위에 어떻게 경영 자원을
배분할지 검토합니다.

전략 사업 단위가 결정되면 기업 자원인 '인력, 물자, 자금'의 배분을 고민
합니다. 사업별로 필요한 자원과 예상 성장률이 다르므로 모든 사업 단위에
균등하게 배분하는 것은 효과적이지 않습니다. 시장 성장률과 상대적 시장
점유율을 분석한 '사업 포트폴리오 매트릭스'가 유용한 이유입니다.

사업 포트폴리오는 대체로 4분할로 표현합니다. 시장 성장률과 점유율
모두 높은 별^{Star}, 시장 성장률은 낮지만 점유율이 높은 현금 젖소$^{Cash\ Cow}$,
시장 성장률은 높지만, 점유율이 낮은 물음표$^{Question\ Mark}$, 시장 성장률과
점유율이 모두 낮은 개^{Dog}로 구성됩니다.

사업 포트폴리오 매트릭스

일반적으로 '물음표=도입기, 별=성장기, 현금 젖소=성숙기, 개=쇠퇴기'로 분류합니다. 일단 '개'에 해당하면 해당 사업의 철수를 고민해야 합니다.

시장 성장률이 높은 '별'과 '물음표'에 자원을 우선 배분하여 빠른 성장을 독려하고, 수익을 창출합니다. 성장기를 맞이한 '별'은 이익이 크지만, 시장 점유율 유지를 위한 적극적인 투자가 필요합니다.

주로 신규 사업에 해당하는 '물음표'는 '별'로 성장하거나 '개'로 전락할 가능성을 모두 가지고 있습니다. 일단 투자를 결정했다면, 성숙기에 도달한 '현금 젖소'의 자원을 대량 투입해야 합니다.

성장률이 가장 높을 것으로 예상되는 사업에 자원을 배분하고, 이미 매출이 있고 성숙한 사업에는 가능한 배분하지 않습니다.

09

사업 성장 기회를 평가하고 시장과 제품 전략을 수립한다

정해진 사업 단위의 성장 기회를 예측하기 위해 '앤소프 매트릭스'라는 프레임워크를 활용합니다.

전략 사업 단위를 결정한 후에는 사업이 실제로 성장할지 예측합니다. 이것을 성장 기회 평가라고 합니다. 성장 기회를 평가하기 위해 코틀러는 앤소프 매트릭스$^{Ansoff Matrix}$라는 프레임워크를 도입했습니다.

앤소프 매트릭스는 기존 시장과 신규 시장으로 먼저 나누고, 기존 제품과 신제품으로 다시 나눕니다. 기존 시장에 기존 제품을 최대한 판매하는 것을 시장 침투 전략이라고 합니다. 시장 침투 전략이 어느 정도 포화 상태가 되면

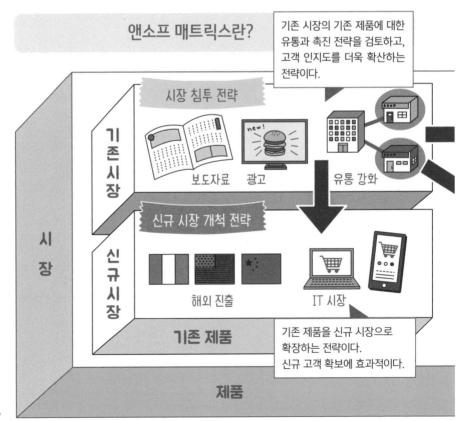

앤소프 매트릭스란?

기존 시장의 기존 제품에 대한 유통과 촉진 전략을 검토하고, 고객 인지도를 더욱 확산하는 전략이다.

시장 침투 전략

기존 시장

보도자료   광고   유통 강화

신규 시장 개척 전략

신규 시장

해외 진출   IT 시장

시장

기존 제품

제품

기존 제품을 신규 시장으로 확장하는 전략이다.
신규 고객 확보에 효과적이다.

다음 단계를 고려합니다. 기존 제품을 신규 시장에 판매하는 신규 시장 개척 전략입니다. 이미 신뢰를 얻고 있는 기존 시장에 새롭게 개발하거나 수정한 제품을 제공하는 신제품 개발 전략도 효과적입니다.

이 3가지 전략이 한계에 이르면, 통합 성장을 도모합니다. 동종 기업과의 수평적 결합을 통해 동반 성장하는 전략입니다. 그래도 성장하지 못하면, 신규 시장에서 신제품으로 신사업을 개척하는 다각화 전략을 목표로 합니다. 다른 전략에 비해 리스크가 크지만, 새로운 사업의 매력이 크다면 유용할 수 있습니다. 이러한 전개가 순조롭게 진행되지 못한다면, 해당 사업의 폐지를 검토해야 합니다.

10 외부 환경 분석으로 기회와 위협 요소를 파악한다

코틀러는 내부 환경의 강점과 약점보다 외부 환경의 기회와 위협 요소를
먼저 분석해야 한다고 말합니다.

사업 단위별 전략을 수립할 때, 사업부별 사명을 정의하고 '환경 분석'을
진행합니다. 코틀러는 기업의 '내부 환경'과 기업을 둘러싼 '외부 환경'을
파악하는 도구로 SWOT 분석을 제안합니다.

SWOT은 내부 환경의 '강점Strength'과 '약점Weakness,' 외부 환경의 '기회
Opportunity'와 '위협Threat'을 말합니다. 기업이 제어할 수 없는 외부 환경 분
석을 선행합니다. 외부 환경의 '기회'를 활용하는 3가지 방법이 있습니다.

SWOT 분석으로 기회와 위협을 분석

첫째, 세상에 부족한 것을 공급합니다. 둘째, 기존 제품을 새로운 방식으로 공급합니다. 셋째, 지금까지 없었던 완전히 새로운 제품을 공급합니다.

'위협'에 대해서는 발생 확률과 심각도로 매트릭스를 구성하고 검증할 수 있습니다. 예를 들어, 경쟁사의 신제품 출시는 발생 확률과 심각도가 모두 높은 상황입니다. 경제 대공황은 발생 확률이 낮지만, 심각도가 매우 높습니다. 원가 상승은 발생 확률이 높지만, 심각도는 낮습니다. 과세제도 도입은 발생 확률과 심각도 모두 낮습니다. 외부 환경 위협 요소에 대해 정확히 분석하고, 자사 사업에 어떠한 영향을 미치게 될지 충분히 고려해야 합니다.

기회와 위협을 알면, 유망하고 잠재력 있는 사업을 예측할 수 있습니다.

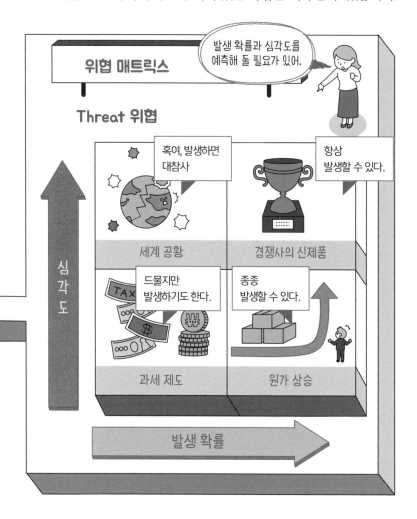

11 기업 내부의 강점과 약점을 파악하고 전략에 활용한다

SWOT 분석의 내부 환경 요소에 해당하는 강점과 약점을 분석합니다.
자사 제품의 매력 정도를 알 수 있게 됩니다.

다양한 기회를 알게 되면, 기회를 활용할 '매력적인 제품'을 개발할 수 있습니다. 매력적인 제품이란, 다른 회사에는 없고 우리 회사에만 있는 것입니다. 이를 위해 '내부 환경 분석'을 실시하고 자사 제품에 대한 강점과 약점을 파악합니다. 자사 제품만의 독보적인 강점을 발굴하고 활용하면, 경쟁사의 추종을 불허하는 제품을 개발할 수 있습니다.

하단 일러스트에서 제시하는 강·약점 분석항목을 체크해 보면 자사의 강점과 약점을 확실하게 확인할 수 있습니다.

내부 환경 분석으로 강점과 약점 파악

품질이 좋으면 제조 능력과 기술력을 고도화하고, 촉진에 자신 있다면 촉진 전략을 최대한 활용할 수 있는 제품 개발에 초점을 맞춥니다. 만약, 지역성이 높다면, 지역 특성을 최대한 반영한 제품 개발에 주력합니다. 단, 객관적 관점에 근거하여 개선을 거듭해야 합니다.

자사의 약점에 대해서는 큰 문제를 일으키지 않는 한 필요 이상으로 신경 쓰지 않아도 됩니다. 약점을 강점으로 전환하려고 노력하기보다, 강점을 더욱 개선하는 것이 성과를 높이는데 훨씬 효과적입니다. 뛰어난 강점을 발견하지 못하고, 전반적으로 평균적인 데이터가 나왔다면 균형 잡힌 제품 개발이 특기라고 할 수 있습니다. 이 경우는 조직의 종합력이 강점입니다.

강·약점 분석 항목

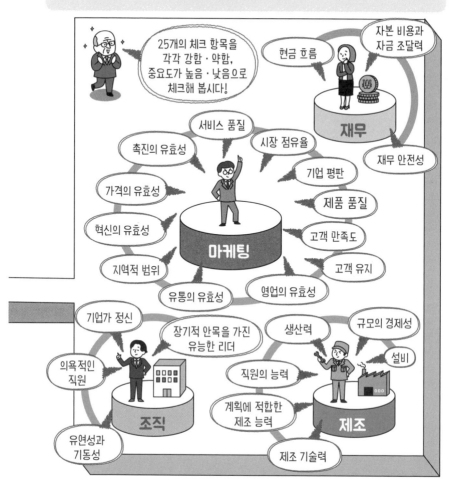

12 목표는 수치화하고, 현실적으로 실현할 수 있도록 설정한다

코틀러는 마케팅 목표를 관리하는 방법을 만들었습니다.

환경 분석 다음 단계는 목표 설정입니다. 코틀러는 사업 단위를 계획할 때, 수익성, 매출 증대, 시장 점유율 확대, 리스크 축소 등에 대한 목표를 설정하고 '목표 관리MBO: Management by Objectives'를 수행해야 한다고 말합니다. 목표 관리 지표는 다음 4가지 기준을 충족해야 합니다.

첫째, 목표에 우선순위를 정합니다. 많은 목표를 동시에 수행하기는 거의

목표 관리 지표

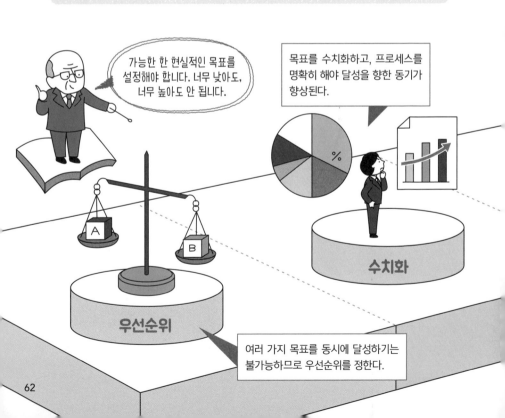

가능한 한 현실적인 목표를 설정해야 합니다. 너무 낮아도, 너무 높아도 안 됩니다.

목표를 수치화하고, 프로세스를 명확히 해야 달성을 향한 동기가 향상된다.

수치화

우선순위

여러 가지 목표를 동시에 달성하기는 불가능하므로 우선순위를 정한다.

불가능합니다. 목표의 우선순위를 정하고 실행하는 것이 중요합니다.

둘째, 목표는 가능한 한 수치화합니다. '매출 증가'라는 막연한 목표보다 '6개월 이내 매출 5% 증가'처럼 구체적이고 수치화된 목표를 세우고, 명확한 행동 방향을 제시합니다.

셋째, 실현 가능한 목표인지 검토합니다. 논리적인 근거가 없는 목표는 직원의 동기부여로 이어지지 않습니다.

넷째, 목표가 일관성을 갖추고 있는지 따져봅니다. 목표에 정당성이 없거나, 모순을 일부 내포하고 있으면 꿈같은 이야기로 끝나 버립니다. 다소 어렵지만 현실적으로 달성 가능한 목표는 도전심과 동기부여로 연결됩니다.

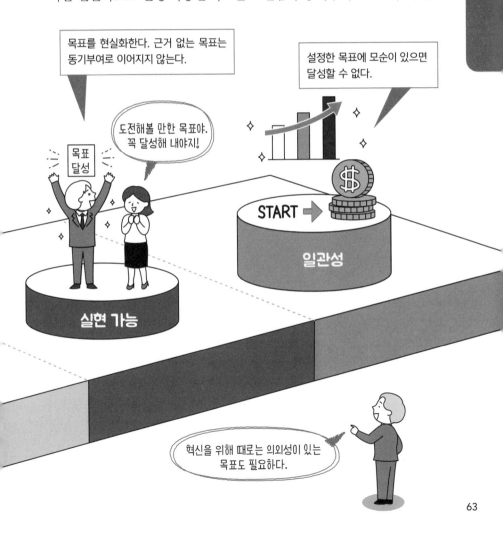

목표를 현실화한다. 근거 없는 목표는 동기부여로 이어지지 않는다.

설정한 목표에 모순이 있으면 달성할 수 없다.

도전해볼 만한 목표야. 꼭 달성해 내야지!

목표 달성

START →

일관성

실현 가능

혁신을 위해 때로는 의외성이 있는 목표도 필요하다.

13 최상의 이익은 최고의 전략에서 나온다

사업 목표가 설정되면 사업 전략을 세웁니다.
'원가 우위, 차별화, 집중'의 3가지 기본 전략 있습니다.

　명확한 목표를 세운 후에는 달성 전략을 세웁니다. 코틀러는 전략을 검토하는 프레임워크로 마이클 포터$^{Michael\ E.\ Porter}$의 3가지 기본 전략을 제안합니다.

　첫째, 원가 우위$^{cost\ leadership}$ 전략입니다. 제조와 유통 비용 등을 낮추고, 경쟁사보다 제품 가격을 저렴하게 설정함으로써 시장 점유율을 확대하는 전략입니다.

3가지 기본 전략을 수립한다

둘째, 차별화 전략입니다. 자사 고유의 제품과 서비스로 차별화를 도모하고, 업계에서 독보적인 위치를 구축하는 전략입니다.

셋째, 집중 전략입니다. 특정 세분 시장으로 타깃을 좁히고, 경영 자원을 집중하는 전략입니다. 집중 전략은 비용 절감을 도모하는 '비용 집중 전략'과 타사와의 차별화를 주도하는 '차별화 집중 전략' 2가지 유형이 있습니다.

코틀러는 전략 수립의 중요성을 강조하며 이런 말을 남겼습니다.

'최고의 전략을 실행한 기업은 최상의 이익을 내고, 명확한 전략 없이 모든 영역을 잘하려고 한 기업은 최악의 성과를 낸다'

14 마케팅 전략을 성공으로 이끄는 7가지 요소를 실행한다

사업 전략을 수립했다면 이제 실행할 차례입니다.
맥킨지의 7S로 실행까지의 프로그램 요소를 검증할 수 있습니다.

마케팅 전략이 수립되면 실행에 옮깁니다. 마케팅 전략을 성공시키기 위해서, 코틀러는 '맥킨지^{McKinsey}의 7S'라는 프레임워크를 도입했습니다.

사업을 성공으로 이끄는 요소들을 '하드웨어' 3개와 '소프트웨어' 4개로 나누는 도구입니다. 하드웨어 3S는 전략^{Strategy}, 조직구조^{Structure}, 경영 시스템^{System}입니다. 소프트웨어 4S는 직원의 사고방식과 행동 양식^{Style}, 전략을 실행할 기술과 능력^{Skill}, 우수한 임직원^{Staff}, 공유된 가치관$^{Shared Value}$입니다.

하드웨어 3S 요소로 전체를 파악한다

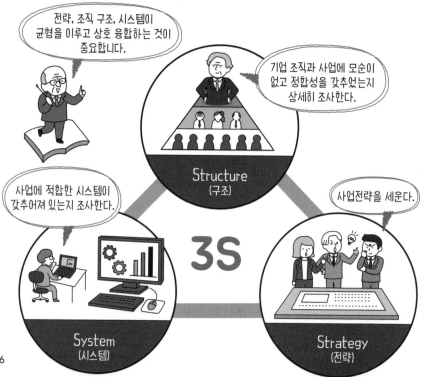

하드웨어 3S는 전략을 제대로 수립했는지 확인하고, 조직 체제를 견고히 구축하며, 그에 필요한 시스템과 프로세스를 만드는 것입니다. 사업을 실행에 옮기기 위해서는 계획, 인력과 조직력, 시스템이 기본적으로 필요합니다. 만약, 어느 하나라도 부족하면 사업에 실패할 수 있습니다. 그다음에 소프트웨어 4S 요소인 가치와 비전 공유, 직원 교육, 기술 개선을 통해 사업 스타일을 구축합니다.

7S가 서로 균형 있게 간섭할 때, 사업이 순조롭게 진행되므로 각 요소의 변화를 파악하는 것은 마케팅 성공 전략의 핵심입니다.

소프트웨어 4S 요소로 현장을 파악한다

현장 수준에 맞는 사업 계획을 세워야 합니다.

가치 공유를 위해 사업 차원에서 사명을 통일한다.

Shared Value
(공유 가치)

Skill
(기술)

사업을 실행에 옮길 수 있는 기술을 보유했는지 상세히 조사한다.

Style
(행동 양식)

향후 추진할 사업 스타일을 명확히 한다.

4S

Staff
(인재)

인재를 확보하는 것이 중요하다.

15 제품 단계에서 마케팅 계획을 수립한다

사업 전략 계획의 최종 단계는 제품 수준의 마케팅 계획입니다.
보다 구체적으로 계획을 진행하게 됩니다.

목표를 달성하려면, 제품 수준에서의 마케팅 계획을 수립해야 합니다.
사업 전반, 제품 세부 정보, 채널, 고객 그룹 등에 관해 가능한 한 많이 계획
하고 검증합니다. 이를 위해서는 반드시 마케팅 계획을 세워야 합니다.

코틀러는 마케팅 계획에 필요한 5가지 기본 항목을 제시합니다.

첫째, 사업계획 개요executive summary를 작성합니다. 전체 내용을 목록화하
면 계획을 객관적으로 직시할 수 있습니다.

둘째, 상황 분석을 수행합니다. 시장 상황 및 규모, 매출 등을 분석합니다.

제품 단계의 계획과 흐름

셋째, 마케팅 전략을 기술합니다. 고객 니즈와 타깃 대상을 명확히 하고, 어떤 채널이 만들어지고, 어떤 가격대가 요구되는지 상세히 조사합니다.

넷째, 재무 예측입니다. 마케팅 전략을 토대로 자금 흐름을 계산합니다. 매출·비용·손익을 분석하고, 채널·영업·촉진 비용을 계산하여 이익률을 책정합니다.

다섯째, 사업 전반을 관리 감독하면서 계획 실행 결과를 검증하고 개선합니다. 아무리 계획이 우수해도 그대로 실행되지 않을 수 있으므로 지속해서 개선하는 것이 중요합니다.

16 마케팅 성과를 측정하는 4가지 방법

코틀러는 마케팅 계획과 실행 결과를 측정하는 4가지 방법을 제시합니다.

마케팅 계획을 실행한 후에는 목표 달성 여부를 평가해야 합니다. 코틀러는 마케팅 계획의 성과를 측정하는 4가지 방법을 제시합니다.

첫째, 매출 분석을 통해 매출 목표와 실적을 비교하고, 마케팅 부문의 성공 혹은 실패 요인에 대해 분석할 수 있습니다. 매출 분석에는 매출 차이 분석과 미시적 매출 분석 두 가지 유형이 있습니다. '매출 차이 분석'은 목표와 실적의 차이를 측정하여 판매량의 문제인지 가격 설정의 문제인지를

성과 분석으로 계획을 평가한다

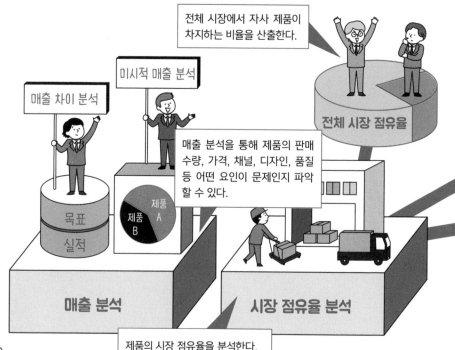

전체 시장에서 자사 제품이 차지하는 비율을 산출한다.

미시적 매출 분석

매출 차이 분석

전체 시장 점유율

매출 분석을 통해 제품의 판매 수량, 가격, 채널, 디자인, 품질 등 어떤 요인이 문제인지 파악할 수 있다.

목표

실적

제품 A

제품 B

매출 분석

시장 점유율 분석

제품의 시장 점유율을 분석한다.

잠정적으로 특정할 수 있습니다. '미시적 매출 분석'은 어떤 제품이 어느 지역에서 잘 팔렸는지를 확인할 수 있습니다.

둘째, 경쟁사와 비교하는 시장 점유율 분석입니다. '전체 시장 점유율 → 대상 시장 점유율 → 상대적 시장 점유율' 순으로 범위를 좁혀가며 분석합니다. 전체 시장 점유율은 낮아도 대상 시장 점유율은 높을 수 있습니다.

셋째, 매출 대비 마케팅 비용 분석으로 마케팅 비용을 산출합니다.

넷째, 재무 분석을 통해 투입한 자본 대비 얼마만큼의 이익을 얻었는지 계산합니다.

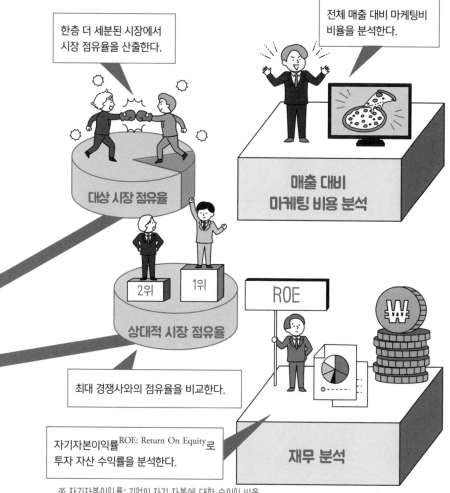

한층 더 세분된 시장에서 시장 점유율을 산출한다.

전체 매출 대비 마케팅비 비율을 분석한다.

대상 시장 점유율

매출 대비 마케팅 비용 분석

2위 1위

ROE

상대적 시장 점유율

최대 경쟁사와의 점유율을 비교한다.

자기자본이익률 ROE: Return On Equity 로 투자 자산 수익률을 분석한다.

재무 분석

※ 자기자본이익률: 기업의 자기 자본에 대한 순이익 비율

Chapter

3

PHILIP KOTLER
MARKETING
VISUAL NOTES

변화와 기회를 통찰하는
'시장 전략'

수요가 없으면 가격이 저렴해도 팔리지 않고, 공급이 수요보다 적으면 희소성이 높아집니다. 즉, 제품 판매는 시장의 수요가 가장 중요합니다.

마케팅은 경제 활동의 무대인 시장이 중요합니다. 제품이 좋아도 구매로 이어지지 않으면 수익이 나지 않습니다. 제품 개발에 앞서 '고객이 원하는 것은 무엇인지'에 대한 수요 조사를 선행해야 합니다.

01 시장을 분석하고 트렌드를 읽어야 한다

사업 전략 계획이 수립되면 정보 수집 전략을 상세히 검토합니다.
우선 거시 환경을 판별해 봅시다.

정보 수집은 마케팅 계획의 핵심으로 다양한 데이터를 수집하고 효과적으로 활용하면 자사에 이익을 가져옵니다. 우선, 시장을 거시 환경macro environment 관점에서 분석합니다. 거시 환경에는 3가지 흐름이 있습니다.

첫째, 예측할 수 없고 일시적인 유행 '패드fad: for a day'입니다. 사회·정치· 경제적으로 중요한 영향력을 미치지는 않지만, 엄청난 임팩트를 남기고, 한순간에 유행이 끝나버리는 제품을 말합니다. 1990년대 후반, 반다이사가

시장을 거시적 관점으로 분석

다마고치

코로나용 마스크

단기적으로 큰 영향을 주지만,
일시적 유행으로 끝나는 움직임

패드는 예측할 수
없으므로 섣불리 생산량을
늘리지 마세요.

패드(fad)

갑자기 유행이
사라져 버렸어.

발매한 '다마고치'라는 제품이 TV에 소개되자마자 인기가 치솟았고 품귀 현상까지 발생했으나, 곧 유행이 끝나버렸습니다. 결국, 재고로 인해 큰 적자가 발생했습니다. 예상치 못한 호황에는 신중하게 대비해야 합니다.

둘째, 어느 정도 지속하는 흐름인 '트렌드trends'입니다. 패드와 다르게, 예측할 수 있고, 지속성이 있어서 사업에서 실패할 가능성이 낮습니다.

셋째, 10년 이상 커다란 반향을 일으키는 '메가 트렌드mega trends'입니다. 트렌드가 몇 년 정도의 유행이라면, 메가 트렌드는 10년 단위의 흐름이므로 견실한 사업이라고 할 수 있습니다.

02

6가지 거시 환경 요소로 세상의 흐름을 파악한다

마케팅에 있어서 거시 환경은 큰 의미가 있습니다.
거시 환경을 파악할 수 있으면 대중의 큰 흐름을 알 수 있습니다.

거시 환경의 흐름을 파악할 수 있는 6가지 요소가 있습니다.

첫째, 인구통계적 환경입니다. 인구, 나이, 직업, 가족 구성 등 사람의 속성을 알면 대중화 전략을 구상할 수 있습니다. 예를 들어 인구 통계를 기반으로 고령화 추세를 파악하고 고령자를 타깃으로 한 제품 개발에 주력하는 것입니다.

둘째, 경제 환경입니다. GDP, 주가, 환율은 고객의 소득과 제품 가격 설정에 직결되기 때문에 반드시 알아야 합니다.

6가지 거시 환경 요소

인구 구성, 나이, 직업 등의 속성

거시 환경의 6가지 요소

20대 학생　30대 회사원　80대 은퇴자

인구통계적 환경

GDP, 환율, 주가는 사업에 큰 영향을 미친다.

거시 환경을 파악하면 트렌드와 메가 트렌드를 예측하는 것도 어렵지 않습니다.

경제 환경

셋째, 사회·문화 환경을 조사합니다. 사람들의 가치와 라이프 스타일은 구매 의향과 연결됩니다.

넷째, 자연환경도 마케팅에 영향을 미칠 수 있습니다. 친환경 전략은 제품과 기업 이미지를 향상합니다.

다섯째, 기술 환경입니다. 기술 혁신은 트렌드의 핵심 사안입니다.

여섯째, 정치·법률 환경도 사업에 영향을 미칩니다. 정부 정책에 따라 관련 분야 제품의 판매가 탄력을 받거나 저조해지는 등의 영향을 받기 때문입니다.

SNS

사회 동향과 트렌드도 알아둬야지.

SDGs

사회·문화 환경

※SDGs : 지속가능 발전 목표 Sustainable Development Goals

자연환경

환경오염, 자연재해 등 사회에 영향을 미치는 자연환경적 문제는 많다.

정부 정책이나 법률 개정에 따라 사업 방향도 바뀌지.

기술 환경

SNS의 발전, 디지털화 등 기술의 발전은 비즈니스와 직결된다.

정치·법률 환경

정치적 방향성이 기업 활동과 연동되기도 한다.

03 고객의 니즈, 기호, 소비 패턴 정보를 수집하고 분석한다

기업은 다양한 마케팅 정보를 정확하게 수집·분석·평가해야 합니다.

고객의 니즈, 기호, 소비 패턴의 변화를 파악하려면, 정보가 계속 흐르는 구조를 만들어야 합니다. 코틀러는 마케팅 부서와 담당자가 정확하고 시기적절하게 정보를 수집·분석·평가할 수 있도록 지원하는 마케팅 정보 시스템MIS: Marketing Information System의 중요성을 강조합니다.

내부 자료databases, 마케팅 인텔리전스intelligence, 마케팅 조사research를 통해 마케팅 정보 시스템을 만들고, 이를 기반으로 마케팅 전략을 책정합니다.

3가지 마케팅 정보 시스템

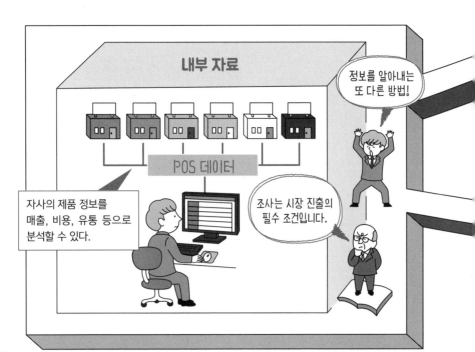

'내부 자료'는 기업이 판매하는 제품에 대한 내부 정보입니다. 주문 정보, 매출, 비용 등을 알 수 있습니다. 대다수 오프라인 매장에는 판매 시점 정보관리 시스템인 POS^{Point Of Sale}를 도입하고 있어 유용하게 활용됩니다.

'마케팅 인텔리전스'는 기업 외부에서 얻을 수 있는 다양한 정보입니다. 잡지, 서적, 미디어, SNS 등에서 입수한 정보 외에도 기업과 거래하는 소매점이나 유통처에서 입수한 정보도 포함됩니다. 데이터 분석보다 더 쉽게 실시간 트렌드 정보를 얻을 수 있다는 장점이 있습니다.

좀 더 전문적인 정보를 얻고 싶다면 '마케팅 조사'를 실시합니다. 정확한 데이터는 시장 조사를 통해 얻을 수 있습니다.

04 마케팅 조사를 통해 시장 기회를 파악한다

코틀러는 마케팅 조사를 효율적으로 실행하려면 조사 목적을 명확히 하는 것부터 의사결정까지의 6단계를 거쳐야 한다고 말합니다.

마케팅 조사를 실행할 때, 알고 싶은 정보의 범위를 최대한 좁혀야 필요한 정보가 명확해집니다. 코틀러는 효과적인 마케팅 조사 6단계를 제안합니다.

1단계, 조사 목적을 명확히 합니다. 알고자 하는 데이터 범위가 너무 넓으면 막연해지고, 너무 좁히면 조사의 의미를 잃게 됩니다.

마케팅 조사 6단계

자료 조사 방법은 무수히 많으므로 목표를 명확히 설정해야 합니다.

정보출처파악

방법론검토

방법결정

계획수립

접촉방법결정

20대, 남성, 회사원

할 일이 많네.

조사계획 수립

조사 목적 명확화

가장 효율적인 계획을 수립한다.

2단계, 조사 계획을 수립하여 효율성을 높입니다. '①정보 출처 파악 → ②여러 가지 조사 방법론 검토 → ③조사 방법 결정 → ④조사 계획 수립 → ⑤최종 접촉 방법 결정' 순으로 조사 계획을 세웁니다.

3단계, 실제로 정보를 수집합니다.

4단계, 수집한 정보를 분석합니다.

5단계, 분석 결과를 집계·보고·공유합니다.

6단계, 집계된 정보를 기반으로 의사결정합니다.

이렇게 6단계를 따르면, 필요한 정보를 정확하게 수집하고 마케팅에 유용하게 사용할 수 있습니다. 또한, 집계한 정보를 잘 보관해 두면, 향후 유사한 조건으로 검토가 필요할 때 참고 데이터로 활용할 수 있습니다.

05 시장 수요를 측정하고 매출을 예측한다

매출을 예측하기 위해서는 시장의 수요를 측정해야 합니다.
그러면 수익을 예측할 수 있습니다.

마케팅 조사를 통해 시장 정보를 수집했다면, 다음 단계는 매출 예측입니다. '시장 수요 측정^{measures of market demand}'을 통해 예측 가능합니다.

코틀러는 시장을 잠재 시장^{potential market}, 유효 시장^{available market}, 타깃 시장^{target market}, 침투 시장^{penetrated market}으로 구분했습니다.

'잠재 시장'은 자사 제품에 관심 있는 소비자를 대상으로 한 시장입니다.

4가지 시장 유형

시장을 단계별로 측정하면 고객의 진정한 수요를 알 수 있습니다.

면허증 땄으니 차를 사야지!

드디어 차를 살 수 있는 돈을 모았어!

차를 사야겠다고 항상 생각하고 있지.

잠재시장 안에서도 실제 구매 조건을 충족하는 소비자

잠재적으로 제품에 관심 있는 고객층

자사 제품에 접근할 수 있고, 구매 가능한 자금력이 있는 사람, 즉 잠재적으로 제품을 원하는 고객을 말합니다.

　'유효 시장'은 잠재 시장 중에서도 특수한 조건이 있는 시장입니다. 예를 들어, '게임 소프트를 구매하여 이용하려면, 먼저 게임기가 있어야 한다'처럼 구매를 위한 사전 필수 조건입니다.

　'타깃 시장'은 유효 시장 중에서 기업이 더욱 집중하는 시장입니다. 주요 구매층이 30대 남성 직장인으로 좁혀졌다면, 그것이 타깃 시장입니다.

　'침투 시장'은 제품 구매 이력이 있는 고객을 대상으로 한 시장입니다.

　이처럼 단계적으로 시장을 좁히면, '어떤 고객이 언제, 어떤 제품을 원하는지' 고찰할 수 있습니다. 잠재 시장에서 유효 시장으로 이동하기 위해 무엇을 하면 좋을지를 파악하면 됩니다.

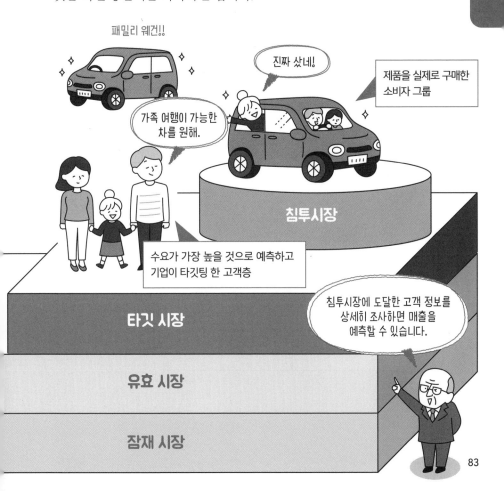

06 미시 마케팅 관점에서 다양한 니즈를 발견한다

코틀러는 오늘날 많은 기업이 타깃에 집중하는 미시 마케팅에 주목하고 있다고 말합니다.

대량생산, 대량소비 시대의 매스 마케팅mass marketing 방식은 시장이 세분화하면서 더는 통용되지 않습니다. 코틀러는 오늘날 많은 기업이 세분화된 시장, 니치niche, 지역, 개인 등으로 타깃을 좁힌 '미시 마케팅micro marketing'에 눈을 돌리고 있다고 말합니다.

'시장 세분화 마케팅'은 고객 니즈를 우선순위로 세분화합니다. 우선순위는 크게 디자인, 성능, 가격대로 나뉩니다.

시장을 세분화한다

'니치 마케팅'은 특정 고객 그룹을 식별하기 위해 고객 범위를 더욱 세분화합니다. 예를 들어 'SONY사의 DSLR 카메라는 가격은 비싸지만, 사진과 동영상의 퀄리티가 높다'는 핀포인트pin point 욕구를 충족해 성공했습니다.

'지역 마케팅'은 특정 지역의 니즈에 특화한 마케팅에 중점을 둡니다. 도로가 좁은 지역에서 경차가 인기 있는 것 등이 해당합니다.

개인을 타깃으로 하는 '개인 마케팅'은 처음부터 그룹이 아닌 개별화를 전제한 세분화입니다. 제품에 고객의 개별적 요구 사항을 반영합니다.

이처럼 다각적인 관점에서 시장을 세분화하면 다양한 니즈를 발견할 수 있습니다.

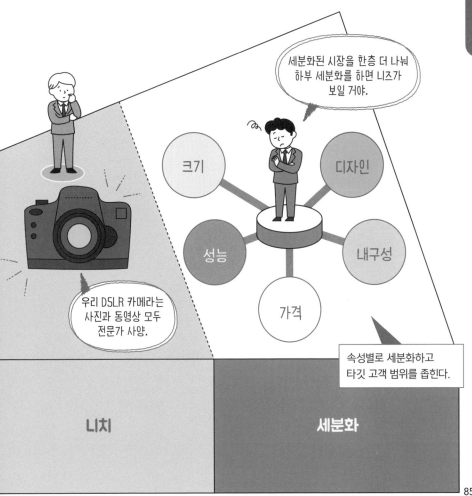

07 소비자 시장을 세분화하고 고객 그룹을 특정한다

코틀러는 소비자 시장을 4가지 기준인 '지리, 인구통계, 심리, 행동'으로 세분화합니다.

코틀러는 소비자 시장을 세분화하는 4가지 기준을 제시합니다.

지리적^{geographic} 세분화는 말 그대로 지역 특성별로 세분화합니다.

인구통계적^{demographic} 세분화는 연령, 성별, 직업, 소득과 같은 인구통계적 속성으로 세분화합니다.

심리묘사적^{psychographics} 세분화는 성격, 라이프스타일, 가치관 등의 심리적 속성에 따라 세분화합니다.

시장을 세분화하고 검증한다

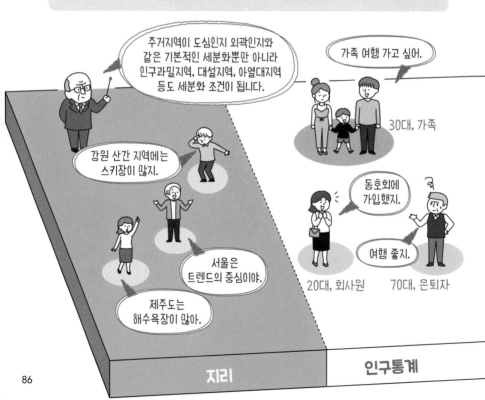

86

행동적^{behavioral} 세분화는 소비자의 행동에 주목합니다. 시간, 날짜, 계절 등에 따라 소비자의 구매 행동 패턴이 달라지는 사용 상황^{occasions}, 경차나 간편식처럼 고객 니즈로 세분화한 편익·혜택^{benefits}, 사용자·비사용자·최초 사용자 등의 사용 경험에 주목한 사용자 상태^{status}, 사용량으로 세분화한 사용 빈도^{rate}, 제품과 브랜드에 대한 열정 수준으로 나누는 충성도^{loyalty} 등입니다.

이는 단지 예시일 뿐이며, 수많은 다른 조건으로 세분화할 수 있습니다. 효과적인 세분화 조건을 고안하여 적절한 고객 그룹을 발굴하는 것이 중요합니다. 또한, 세분화 대상 정보 중 실제로 어떤 요소가 자사에 적합한지 최종 검증해야 합니다.

08 기업 특성에 맞는 타깃 시장을 선정한다

세분화 후에는 어느 영역에 얼마나 많은 제품을 판매할 것인지 결정해야 합니다.

세분화를 통해 매력적인 영역을 발굴하고, 그것이 기업의 사명, 목표, 경영 자원 등과 부합한다면, 더욱 구체적인 타깃 시장^{target market} 선정으로 이동할 수 있습니다. 타깃 시장을 선정하는 5가지 방법이 있습니다.

하나의 제품을 하나의 시장에 투입하는 '단일 영역 집중'은 장인적 기술을 필요로 합니다. 소량의 제품을 고가에 파는 특수 제품이나 한산모시, 나전칠기와 같은 명품 특산물 등이 해당합니다.

여러 영역에 여러 제품을 투입하는 '선택적 전문화'는 각양각색의 다양한 제품을 취급하는 정보 미디어나 슈퍼마켓 등입니다.

타깃 시장을 선정하는 5가지 패턴

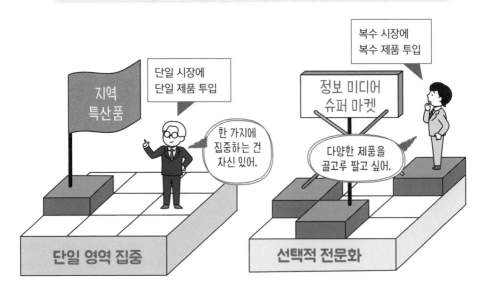

여러 영역에 단일 제품을 투입하는 '제품 전문화'는 식품회사, 제약회사 등이 해당합니다.

'시장 전문화'는 하나의 시장에 여러 제품을 투입하는 것으로 병원이나 청과물직판장, 전자제품 전문점, 가구 전문점 등을 예로 들 수 있습니다.

모든 시장에 수많은 제품을 투입하는 '풀 커버리지'에는 종합 쇼핑센터, 대형 온라인 쇼핑몰 등이 있습니다.

제품 유형과 시장 수에 중점을 두어 세분화합니다. 다양한 제품을 개발할 수 있는 기술력과 여러 시장에 대응할 수 있는 마케팅 인력 및 자원의 가용성 등 기업의 특성에 따라 더욱 실현 가능한 세분화가 이루어집니다.

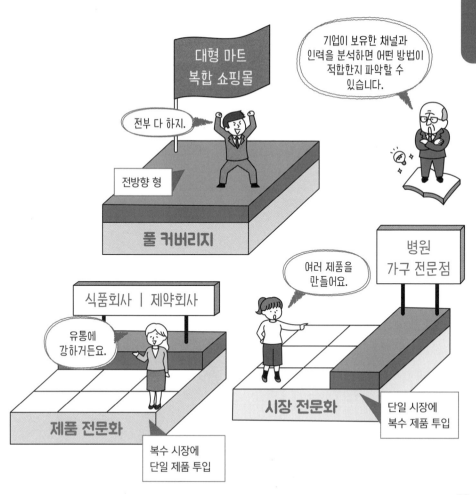

09 업계의 경쟁적 지위에 맞는 경쟁 전략을 수립한다

코틀러는 기업을 시장 점유율에 따라 4가지로 분류하고, 경쟁적 지위에 맞는 전략을 제안했습니다.

업계의 경쟁적 지위에 따라 기업이 취해야 할 전략의 정석은 다릅니다. 코틀러는 경영 자원의 질과 양, 시장 점유율 기준으로 '리더leader, 챌린저challenger, 니처nicher, 팔로워follower'로 기업을 분류하고 그에 맞는 경쟁 전략을 제시합니다.

'리더'는 시장 점유율이 업계에서 가장 높은 기업입니다. 양질의 경영 자원을 풍부하게 확보함으로써 가능한 한 모든 영역에 대응할 수 있는 역량을 갖추고 있습니다. '①주변 수요 확대, ②비가격 경쟁, ③동질화, ④최적 시장 점유율 유지' 등의 전략을 구사합니다.

경쟁 지위 전략

틈새시장
높은 가격
마진 좋음
경쟁자 적음
제품 개발비 부족
모방을 잘함
소규모

팔로워

니처

'챌린저'는 시장 점유율 2~3위 기업입니다. 차별화 전략으로 시장 점유율을 높이고, 리더 기업을 추월하는 것이 목표입니다.

'니처'는 업계 점유율이 높지는 않지만, 틈새시장을 특화함으로써 특정 분야에서 독자적인 입지를 구축한 기업입니다. 특정 시장에서 '집중 전략'을 구사합니다.

'팔로워'는 경영 자원의 질과 양 모두 열등한 기업입니다. 상위 기업과 경쟁하는 대신, 경쟁사의 전략을 모방함으로써 시장 점유율을 확보하는 것이 목표입니다.

자사가 어떤 지위인지 정확히 파악하고 그에 맞는 경쟁 전략을 개발해야 합니다.

자금력이 있으면 리더나 챌린저를 꿈꿀 수 있지만, 자금력이 없다면 니처나 팔로워 전략을 채택해야 합니다.

4 Chapter

PHILIP KOTLER
MARKETING
VISUAL NOTES

고객 충성도를 높이는
'고객 유지 전략'

오늘날에는 수요가 다양한 만큼, 타깃 고객이 명확하지 않은 제품을 생산할 경우 많은 양의 재고를 감수해야 합니다. 효율성을 생각해서 타깃 고객의 범위를 좁히는 것이 매우 중요합니다.

시장에 수요가 있다 해도, 목표 고객을 제대로 선정하지 못하면 수고와 비용을 낭비할 수 있습니다. 이를 방지하고 효율적으로 제품을 판매하려면 고객 맞춤 마케팅이 필수입니다. '구매 대상'을 고려하지 않는 제품은 '기울인 노력에 비해 결실이 없는 상황'을 만들어낼 뿐입니다.

01 고객의 기대치를 초과하면 고객 만족도가 높아진다

마케팅으로 고객을 만족시키려면 타사보다 경쟁력이 있는 고객 가치를 제공해야 합니다.

'마케팅이란 고객 가치와 고객 만족의 이해를 기반으로 창조·소통·제공하는 것'이라는 코틀러의 말처럼, 고객을 만족시키지 못하는 기업은 이익을 얻을 수 없습니다.

코틀러는 '고객 만족이란, 제품에 대해 구매자가 지각한 성능과 기대치의 비교에서 느끼는 개인적 기쁨 혹은 실망의 감정이다'라고 정의합니다. 고객은 제품 성능이 기대 이하면 불만을 느끼고, 기대 이상이면 만족감과 기쁨이 커집니다.

애착을 높이는 고객 충성도

기업과 브랜드에 대한 고객의 애착과 신뢰도를 '고객 충성도customer loyalty'라고 합니다. 고객 충성도를 높이려면, 타사보다 경쟁력 있고 우수한 가치를 제안해야 합니다. 코틀러는 '강력한 고객 충성도를 창출하려면, 높은 고객 가치를 제공해야 한다'고 말합니다.

독보적인 고객 가치를 제공할 수 있는 가치 전달 시스템을 꾸준히 구축하면, 강력한 고객 충성도를 창출할 수 있습니다. 충성도를 계속 유지할 수 있는 고객을 '충성 고객loyal customer'이라고 합니다. 기업은 '충성 고객'을 늘리는 방법을 항상 연구해야 합니다.

고객 충성도와 기대치의 관계

02

기업 전사 차원에서
품질 향상을 위해 노력한다

코틀러는 고객만족도를 극대화하려면 품질을 향상하기 위한 전사 차원의
노력이 필요하다고 말합니다.

충성 고객을 늘리려면, 기업 전사 차원에서 품질 향상을 위해 노력해야
합니다. 이를 전사적 품질 관리^{TQM: Total Quality Management}라고 하며, 전사
직원이 참여하고 정보를 공유해야 합니다. 코틀러는 전사적 품질 관리를
위한 마케터의 역할로 다음의 6가지를 제안합니다.

'①고객의 니즈를 확실히 파악한다, ②제품 설계자에게 고객의 기대치를
제대로 전달한다, ③고객 주문을 정확하게 처리하고 납품기한을 준수한다,

전사적 품질 관리에는 가치 제안도 중요하다

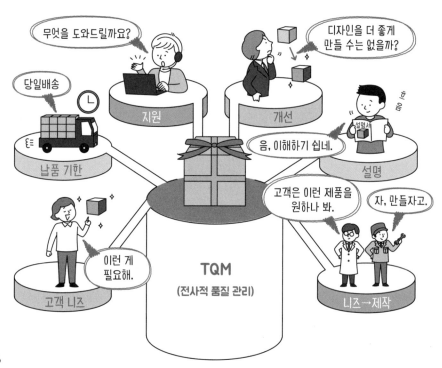

④제품 사용법에 대한 적절한 지원을 제공한다, ⑤구매를 완료한 고객과도 접촉을 유지하여 고객 만족도를 높인다, ⑥제품과 서비스에 대해 고객이 요구한 개선 사항을 수집하여 각 부서에 전달한다'

6가지 항목을 모두 충족하기는 쉽지 않지만, 실천할 수만 있다면 매우 긍정적인 결과를 기대할 수 있습니다.

전사적 품질 향상은 기존 고객 만족도 향상뿐만 아니라 신규 고객 창출로도 이어집니다. 오랫동안 거래를 지속할 우량 고객이 유치되고, 입소문 효과로 이어져 더 많은 고객을 확보하는 데 성공합니다. 이러한 좋은 선례들을 바탕으로 신규 고객에게도 좋은 이미지를 각인시킬 수 있습니다.

03 고객 생애 가치를 높이면 고객 자산도 늘어난다

코틀러는 마케팅이란 고객 충성도를 높이고, 반복 구매를 늘려 고객 생애 가치를 극대화하는 기술이라고 말합니다.

고객이 제품과 서비스를 계속 구매할 경우, 고객이 기업에 제공한 이익은 거래 시작 당시부터 현재까지의 통합 이익입니다. 한 번에 제공한 이익은 적더라도 지속적인 재구매로 이어진다면 결과적으로 수익성 높은 고객이 되고, 한 번에 높은 이익을 제공했어도 재구매로 이어지지 않으면 고객이 제공한 통합 이익은 적습니다.

코틀러는 고객이 기업과 거래 관계를 유지하는 동안 제공할 누적 이익을 '고객 생애 가치customer lifetime value'라고 말합니다. 기업 입장에서는 한 번에

프로세스로 평가하는 고객 생애 가치

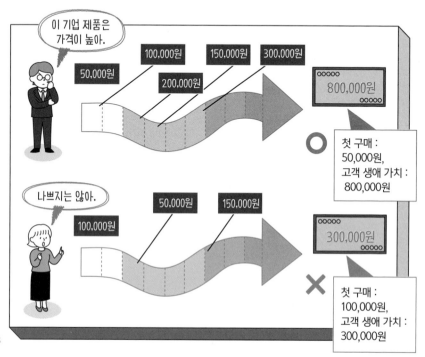

높은 이익을 제공한 고객보다, 고객 생애 가치가 높은 고객이 결과적으로 유익한 고객입니다. 그러므로 고객 생애 가치가 높은 고객을 늘리는 것이 기업 과제입니다.

고객 생애 가치의 총합을 '고객 자산customer equity'라고 합니다. 고객 자산을 늘리려면 '가치, 브랜드, 신뢰 관계', 이 3가지를 잘 관리해야 합니다. 고객이 제품과 기업 가치를 인정하고, 브랜드 인지도에 감동하며, 호의적인 관계를 유지하고 싶어 하면, 결과적으로 고객 자산도 증가하게 됩니다.

고객 자산을 늘리는 3요소

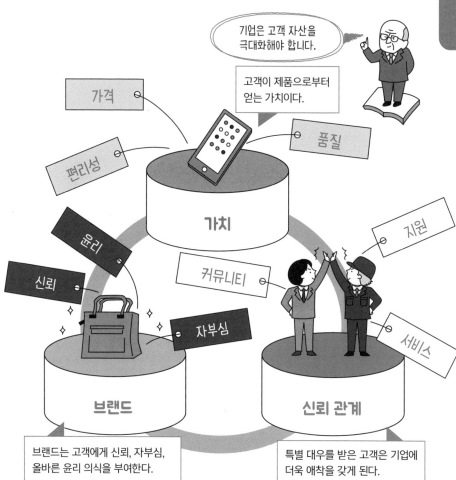

기업은 고객 자산을 극대화해야 합니다.

고객이 제품으로부터 얻는 가치이다.

가격

품질

편리성

가치

윤리

지원

신뢰

커뮤니티

자부심

서비스

브랜드

신뢰 관계

브랜드는 고객에게 신뢰, 자부심, 올바른 윤리 의식을 부여한다.

특별 대우를 받은 고객은 기업에 더욱 애착을 갖게 된다.

04 고객 이탈률을 낮추는 5가지 대책

고객 생애 가치를 높이려면 고객 정보를 잘 관리하고, 우량 고객의 이탈률을 낮추는 것이 중요합니다.

고객과 호의적이고 긴밀한 관계를 장기간 유지하면, 고객 생애 가치가 높아집니다. 이를 위해 고객 관계 관리CRM: Customer Relationship Management가 필요합니다. 고객 정보를 관리하고, 최적의 서비스와 제품을 꾸준히 제공하여 충성도를 높입니다. 이는 결과적으로 기업의 이익 창출로 이어집니다.

또한, 멤버십 프로그램을 통해 고객이 가족과 지인에게 제품을 추천해주면, 더 많은 고객을 확보할 수 있습니다. 입소문으로 전해지는 정보가 광고보다 훨씬 더 유용하기 때문에 충성도 높은 고객은 매우 중요합니다.

고객 정보를 관리하고 양질의 관계를 구축한다

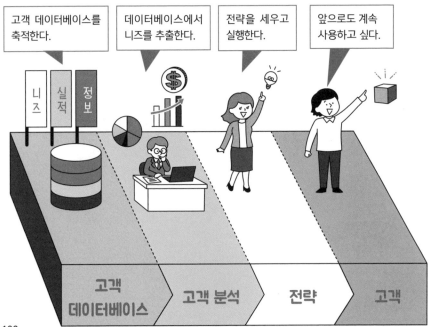

고객 데이터베이스를 축적한다.

데이터베이스에서 니즈를 추출한다.

전략을 세우고 실행한다.

앞으로도 계속 사용하고 싶다.

니즈 / 실적 / 정보

고객 데이터베이스 / 고객 분석 / 전략 / 고객

반면, 고객 이탈도 피할 수 없습니다. 고객 이탈률을 낮추는 5가지 대책은 다음과 같습니다.

첫째, 고객 유지율과 이탈률을 정의하고 수치화합니다.

둘째, 고객 이탈의 원인을 밝힙니다.

셋째, 만약 고객이 이탈하지 않았다면 발생했을 이익인 일실 이익을 계산하고 이탈률을 측정합니다.

넷째, 이탈률을 낮추는 데 들어갈 비용을 산출하여, 이탈률 감소의 의의를 역산합니다.

다섯째, 고객의 소리를 진지하게 받아들이고, 고객과 양질의 관계를 구축하는 것이 가장 중요합니다.

고객 이탈률을 감소시킨다

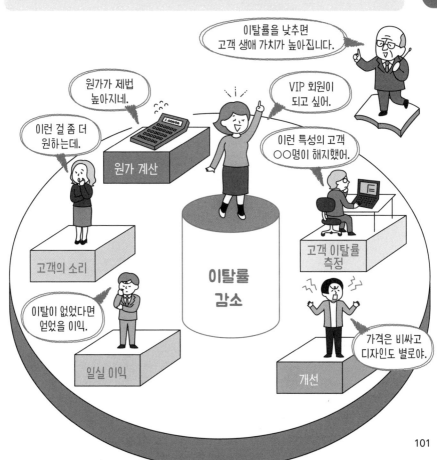

05 고객 유지율을 높이는 다양한 시책을 실행한다

이익(혜택)을 제공하여 고객과 돈독한 관계를 형성한다면 지속적인 거래를 유지할 수 있습니다.

고객과의 지속적인 관계성은 기업의 이익으로 연결되므로, 고객 유지를 위한 다양한 시책을 실행해야 합니다. 그중 하나가 마일리지, 회원 할인 서비스, 구매 포인트 등의 혜택^{benefit}을 부여하는 방식입니다. 기업이 고객에게 제공하는 혜택은 금전적 유형과 사회적 유형으로 나뉩니다.

금전적 혜택 유형으로는 프리퀀시 마케팅$^{frequency\ marketing}$과 클럽 마케팅$^{club\ marketing}$이 있습니다.

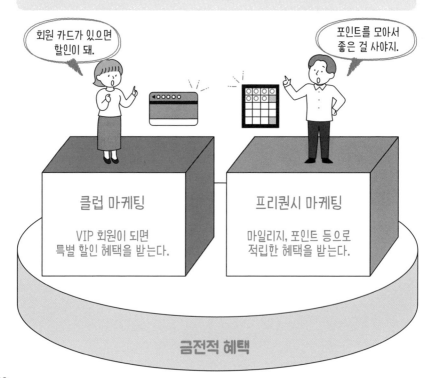

고객과의 신뢰 관계를 강화하는 방법

회원 카드가 있으면 할인이 돼.

포인트를 모아서 좋은 걸 사야지.

클럽 마케팅
VIP 회원이 되면 특별 할인 혜택을 받는다.

프리퀀시 마케팅
마일리지, 포인트 등으로 적립한 혜택을 받는다.

금전적 혜택

'프리퀀시 마케팅'은 제품과 서비스 구매 빈도를 높이기 위해 마일리지, 포인트 등의 적립 제도를 도입하는 것입니다. '클럽 마케팅'은 회원 전용 할인 프로그램이나 서비스를 제공하는 것입니다.

사회적 혜택 유형은 자사 고객 특별 우대 서비스입니다. 전용 라운지를 제공하거나, 일반 고객보다 먼저 신제품을 접할 수 있는 혜택을 제공합니다.

또한, 유의미한 '구조적 결합'을 통해 기업과 고객의 관계를 강화할 수 있습니다. 쇼핑몰과 결합한 신용카드를 예로 들 수 있습니다. 고객은 결합 서비스를 이용하면서 기업과의 거래를 유지하게 됩니다.

06

경쟁사와의 차별화 전략으로 고객에게 높은 가치를 제공한다

제품, 인력, 유통, 브랜드 이미지 등을 경쟁사와 확실하게 차별화하여 자사의 제품 가치를 높이는 것을 차별화 전략이라고 합니다.

차별화는 경쟁사를 염두에 둔 전략입니다. 고객에게 더 특별하고 더 높은 가치를 제공하기 위해, 경쟁사와 확연한 차이가 있는 제품과 서비스를 창출하는 것입니다.

제품 차별화는 제품의 기술, 디자인, 기능 등을 타사와 차별화하기 위해 다양한 고민과 설계를 거듭합니다. 독특하고 매력적인 제품은 가장 강력한 경쟁 우위 요소가 됩니다.

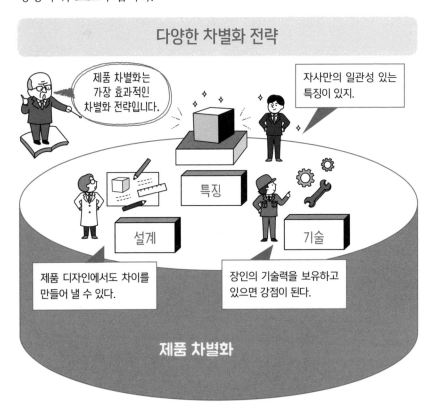

다양한 차별화 전략

제품 차별화는 가장 효과적인 차별화 전략입니다.

자사만의 일관성 있는 특징이 있지.

특징

설계

기술

제품 디자인에서도 차이를 만들어 낼 수 있다.

장인의 기술력을 보유하고 있으면 강점이 된다.

제품 차별화

인력 차별화는 양질의 고객 지원과 서비스를 제공함으로써 고객의 신뢰를 높입니다. 숙련된 직원을 보유하는 것도 경쟁사와의 차별화 측면에서 매우 중요합니다.

유통에서 빠른 배송과 저렴한 배송비는 큰 강점이 될 수 있습니다.

좋은 브랜드 이미지는 고객에게 큰 가치가 될 수 있습니다. 브랜드 이름만으로도 제품 품질을 신뢰할 수 있는 브랜드 인지도는 상당히 성숙한 차별화라고 할 수 있습니다.

기업은 차별화 전략으로 고객에게 높은 가치를 제공할 수 있게 됩니다.

5

Chapter

PHILIP KOTLER
MARKETING
VISUAL NOTES

구매 가치를 제안하는
'제품&가격 전략'

저렴한 가격은 오늘날 소비자에게
큰 매력 요소가 아닙니다.
가격을 넘어 가치를 느끼게 하는
제품 마케팅 방법은 무엇일까요?

오늘날 소비자는 안목이 있고, 가격 대비 가치를 추구합니다. 경쟁에서 살아남고,
고객의 선택을 받으려면 무엇보다 제품을 매력적으로 만들어야 합니다. 이를 위한
마케팅 방법을 알아봅시다.

01

제품을 기획할 때 5단계 제품 수준을 고려한다

코틀러는 '뛰어난 브랜드의 핵심에는 훌륭한 제품이 있다'며 고객을 매혹하는 제품의 중요성을 강조합니다.

코틀러는 제품을 기획할 때 5단계 제품 수준$^{\text{five product levels}}$을 고려해야 한다고 말합니다. 고객 가치 계층$^{\text{customer value hierarchy}}$을 기준으로 수준이 올라갈수록 고객 가치도 높아집니다.

1단계는 핵심 편익$^{\text{core benefit}}$으로 고객이 손에 넣을 수 있는 기본적인 서비스와 이익을 말합니다. 2단계에서는 핵심 편익을 기본 제품$^{\text{generic product}}$으로 전환해야 합니다. 3단계는 기대 제품$^{\text{expected product}}$으로 고객이 제품과

5단계 제품 수준

제품을 계층 구조로 분류하면 지향해야 할 목표를 파악하기 쉽습니다.

졸려.

배고파.

판매합니다.

제공합니다.

핵심 편익

고객이 추구하는 핵심적인 편익과 서비스

기본 제품

구체적인 제품과 서비스

서비스를 구매할 때 기대하는 바를 충족하는 것입니다. 4단계에서는 고객의 기대를 넘어설 수 있는 확장 제품augmented product이 요구됩니다. 5단계는 잠재 제품potential product으로 미래에도 계속 고객의 기대치를 초과할 수 있는 제품을 말합니다.

일정 기간이 지나면 고객은 기업의 혁신적인 확장 제품에 익숙해지고, 결국 기대 제품 수준으로 내려오게 됩니다. 따라서 기업은 독창적인 연구를 통해 '확장 제품'을 계속 출시하고, 미래에도 고객과의 신뢰 관계를 구축할 수 있는 '잠재 제품'을 만들어 내는 것을 목표로 해야 합니다.

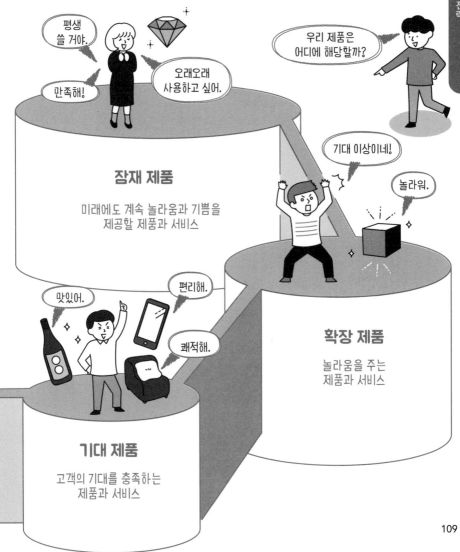

02 제품 차별화는 브랜딩의 첫걸음이다

코틀러는 제품을 브랜드화하려면 차별화가 필요하다고 말합니다.

남다른 제품은 디테일에서 차별화가 드러난다고 생각하지만, 제품 자체로서의 차별화가 선행되어야 합니다. 성공한 제품 사례를 통해 '형태, 특징, 품질, 내구성, 디자인, 서비스'의 차별화 전략을 살펴봅시다.

제품의 '형태'는 고객이 가장 먼저 촉각적으로 감응하는 포인트입니다. Wilkinson의 진저에일 제품은 병에서 드러나는 의외성으로 고객에게 큰 임팩트를 주었습니다.

타제품과 다른 기능적 '특징'도 차별화가 될 수 있습니다. LINE 앱은 스탬프(스티커)라는 독자적 특징으로 인기를 끌었고 크게 성공했습니다.

제품 차별화 요소

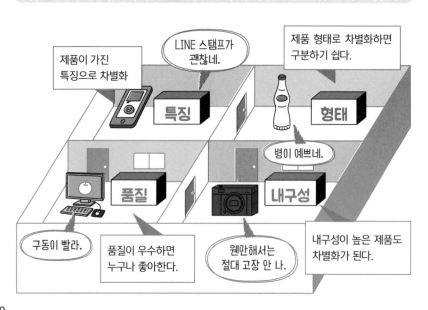

제품의 높은 '품질'은 차별화 포인트입니다. Mac은 Windows보다 직관적이고 기능적이기 때문에 인기가 높습니다.

'내구성'도 제품의 큰 매력 요소입니다. 고장 나지 않는 카메라와 장비는 그 자체로 차별화 요인이 됩니다.

'디자인'은 차별화에서 큰 차이를 만드는 요소입니다. 많은 고객이 제품의 디자인 감각에 끌리고 애착을 느낍니다.

제품 자체가 아닌 제품을 둘러싼 '서비스'에서도 차별화를 도모할 수 있습니다. 간편 주문 시스템, 당일배송, 고객 친화적 A/S나 보증 등입니다.

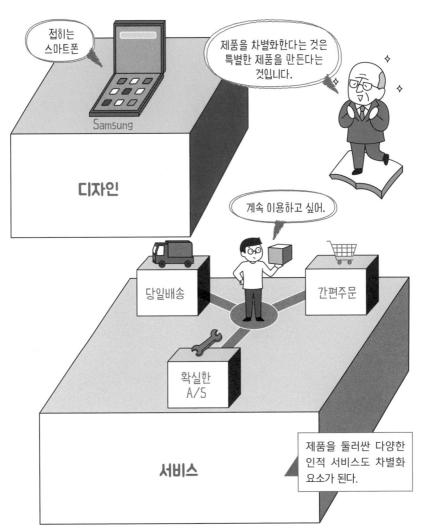

03 제품 라인과 품목을 조합하는 제품 믹스 전략을 세운다

제품 라인 조합으로 매출을 늘리는 것을 제품 믹스 전략이라고 합니다.

개별 제품이 아닌 여러 제품을 조합하여 매출을 올릴 수 있습니다. 여러 제품 라인과 품목을 조합하는 것을 '제품 믹스product mix'라고 하며, '너비, 길이, 깊이, 일관성'의 4가지로 요소로 표현됩니다.

'제품 믹스 너비product mix width'는 제품 라인의 수입니다. 예를 들어, 햄버거 매장이라면 햄버거나 치즈버거 등의 메인 메뉴와 감자튀김이나 샐러드 등의 사이드 메뉴, 그리고 음료로 총 3개입니다.

'제품 믹스 길이product mix length'는 제품 라인을 구성하는 품목들versions의 총수입니다. 메인 10종, 사이드 4종, 음료 6종이라면, 총 20개가 됩니다.

제품 믹스의 균형이 중요하다

제품 믹스 너비는 제품 라인의 수.
메인 메뉴와 사이드 메뉴와 음료 등.

제품 믹스 길이는 모든 품목들의 합계.
햄버거 종류, 음료 종류 등을 합한 총합계로 산출.

음료 6종

10종+6종=16종

음료

메인

햄버거 10종

너비(width)

사이드

여러 가지가 있네.

길이(length)

전부 몇 종이지?

'제품 믹스 깊이$^{product\ mix\ depth}$'는 제품 라인에 속한 개별 제품으로부터 파생한 품목들의 수입니다. 메뉴가 해물라면, 고기라면, 비빔라면 3종이고, 라면 사이즈가 대·중·소로 나뉜다면, 깊이는 3×3이 됩니다.

'제품 믹스 일관성$^{product\ mix\ consistency}$'은 제품의 조건과 판매 방법이 일치하는지를 검토합니다. 만약, 성인용 런치 세트에 어린이용 완구를 선물로 주고 있다면 일관성을 개선해야 합니다.

4가지 제품 믹스 요소가 균형을 이루면 제품 전체의 매력이 높아집니다.

제품 믹스를 생각하는 것은 브랜드를 디자인하는 것이기도 합니다.

고기라면 대

비빔라면 대

해물라면 소   고기라면 중

깊이(depth)

제품 믹스 깊이는 제품에서 파생되는 품목들의 수. 고기·비빔·해물 라면마다, 대·중·소 3가지 사이즈가 있다.

라면만 몇 종류?

필요할까?

성인에게 어린이 완구를?

4가지 요소를 상세히 검토하여 제품 믹스의 균형을 따져보고 새로운 요소를 개발합시다.

다양한 제품 라인들끼리 얼마나 밀접한 연관이 있는지 생각해야 한다.

어린이 완구

일관성(consistency)

04 가격 결정의 목적을 명확히 한다

가격은 제품과 서비스의 가치와 품질을 제시하는 척도가 됩니다.
가격 결정에는 분명한 목적과 이유가 있어야 합니다.

제품 가격 결정 전략을 수립하기 전에, 가격 결정의 목적을 명확히 해야합니다. 가격 결정의 목적에는 5가지 방법론이 있습니다.

첫째, 시장에서의 생존^{survival}을 목적으로 합니다. 치열한 시장 경쟁에 노출된 상황에서 가격 경쟁 외에는 방법이 없을 때의 선택지입니다. 하지만 이는 단기 목표이며, 장기적으로는 비용 절감을 고려해 건전한 상태로 되돌릴 방법을 고민해야 합니다.

가격 결정의 5가지 목적

단기 집중

생존

SHOP

시장에서의 생존을 건 단기적인 목표

Sale!

수요

균형

적정 가격

수요를 예측하여 가장 이익이 높은 가격을 결정한다.

돈을 제일 많이 번다.

현재 수익 극대화

둘째, 현재 수익 극대화$^{\text{maximum current profit}}$를 목적으로 합니다. 수요 예측을 통해 가격을 결정하고, 경상이익이 극대화되는 시점을 예측합니다. 단, 예측과 실제 수요가 일치하지 않으면 기대 이익을 거두기 어렵습니다.

셋째, 시장 점유율 극대화$^{\text{maximum market share}}$를 목적으로 한 방법입니다. 대량생산, 대량 판매가 가능할 정도로 자원이 풍부한 기업이 아니면 쉽지 않은 결정입니다. 주로 시장 최저가에 가장 가까운 가격대로 경쟁합니다.

넷째, 고가 판매 극대화$^{\text{maximum market skimming}}$ 방법도 있습니다. 기술력과 브랜드 인지도에 자신 있는 기업은 소량 생산으로도 수익을 낼 수 있도록 상대적으로 높은 가격을 책정합니다.

다섯째, 제품 품질 리더십$^{\text{product-quality leadership}}$을 목적으로 합니다. 우수한 제품 품질을 우선하고 그에 따른 비용을 따져 가격을 결정합니다.

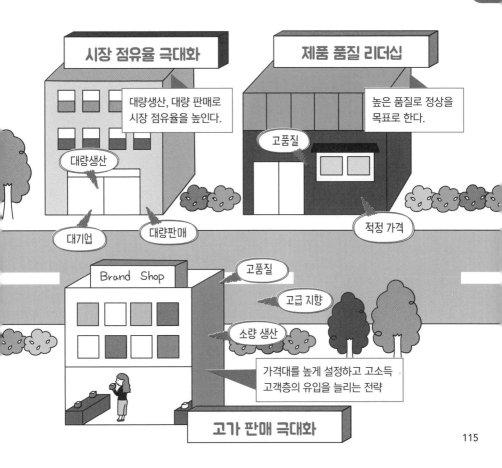

05 가격과 수요의 관계성을 확인한다

제품 수요에 따라 가격대를 변동해도 매출이 높을 수 있습니다.
이를 가격 탄력성이 좋은 제품이라고 합니다.

가격과 수요는 매우 민감한 관계입니다. '저렴한 제품=낮은 품질'이라는 이미지가 있어서 가격이 저렴한 제품의 매출이 반드시 좋다고 단정할 수 없습니다. 강연회나 공연장에 고가의 프리미엄 좌석을 만들면, 프리미엄 좌석부터 매진되는 경우가 많습니다. 코틀러는 가격 변화에 따라 수요가 얼마나 민감하게 반응하는지의 정도를 '가격 탄력성price elasticity'이라고 말합니다.

가격 탄력성이 있는 제품

생활필수품은 가격이 약간 올라도 수요 변동이 크지 않다.

장기간 사용하는 전자제품이나 액세서리는 가격에 따른 수요 변동이 크다.

고객은 항상 저렴하고 좋은 제품만 찾는 것이 아니라, 때로는 '고품질의 특별한 제품'을 원합니다. 이러한 제품은 가격 탄력성이 매우 높아서 다소 높은 가격을 설정하는 편이 유리할 수 있습니다. 반대로 쌀, 휘발유 등의 생필품은 가격 탄력성이 낮아서 가격에 따른 수요 변동이 크지 않습니다.

부록을 수록한 잡지는 가격 탄력성을 기반으로 한 가격 결정 전략 성공 사례로 꼽힙니다. 과거 출판시장 불황으로 고충을 겪던 출판사들 사이에서 '특별 부록을 제공하고 변동비에 따라 주 단가를 바꾸는 방식'이 탄생했습니다. 이 전략이 성공하면서 출판계에서 화제가 되었고, 많은 출판사들이 이를 모방했습니다.

고사양 밥솥은 고가지만, 주식을 맛있게 먹고 싶은 소비자의 욕구를 충족시킨 인기 제품이다.

엄선한 재료

맛집 탐방

300,000

66

12,000

매일 먹는 밥을 맛있게.

부록 잡지

magazine

소문난 맛집 탐방을 선호하는 고객층은 가격보다 맛을 추구한다.

10,000

부록을 포함한 잡지는 가격이 저렴하지 않음에도, 부록을 원하는 독자층의 꾸준한 구매로 이어진다.

특별 부록

가성비를 높이고 싶다면 가격 탄력성에 주목해야죠.

06 가격 결정에 중요한 비용을 파악한다

코틀러는 기업이 비용을 제대로 측정하지 못하면, 이익도 제대로 측정할 수 없다고 지적합니다.

가격을 결정하기 전에 제품 생산, 유통, 판매 등에 드는 비용을 파악하기 위해 비용 분석을 수행해야 합니다.

비용은 일반적으로 고정비$^{\text{fixed costs}}$와 변동비$^{\text{variable costs}}$로 나눕니다. 고정비는 임대료와 인건비 등 생산 수준에 상관없이 지급해야 하는 비용입니다. 변동비는 원자재와 기타 투입 비용 등 생산 수준에 따라 달라지는 비용입니다. 고정비와 변동비의 합이 '총비용$^{\text{total costs}}$'이 됩니다. 총비용을 총생산량으로 나누면 '생산물 1단위당 비용(평균비용$^{\text{average costs}}$)'이 산출됩니다.

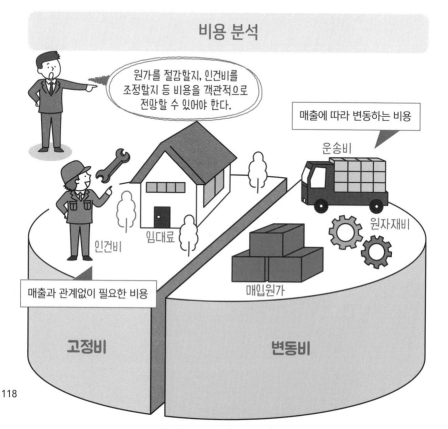

비용 분석

원가를 절감할지, 인건비를 조정할지 등 비용을 객관적으로 전망할 수 있어야 한다.

매출에 따라 변동하는 비용

운송비

원자재비

인건비

임대료

매입원가

매출과 관계없이 필요한 비용

고정비

변동비

직접비$^{\text{direct costs}}$와 간접비$^{\text{indirect costs}}$로도 생각할 수도 있습니다. 직접비는 공장이나 현장에서 제품을 실제로 제조하는 데 드는 비용입니다. 간접비는 관리비나 임대료 등 제조와 관련 없지만, 제품을 유지 관리하는 데 필요한 비용입니다. 직접비와 간접비 분석을 통해 제조 비용과 관리·영업 비용의 균형을 검토할 수 있습니다.

덧붙여 목표 원가 계산$^{\text{target costing}}$은 고객 니즈, 경쟁 제품, 시장 상황 등을 분석하여 추구하는 가격을 먼저 결정한 후, 비용을 역산하는 방법입니다. 대량생산으로 단위당 제품 원가를 일정 비율로 절감하거나, 누적 생산량을 늘려 숙련도를 높이고 그에 따른 직접 노무비(인건비)를 절감하는 방법으로 실현 가능합니다.

07 가격을 결정하는 6가지 방법을 검토한다

코틀러는 6가지 가격 결정 방식을 제안합니다.

첫째, 가산이익률에 따른 가격 결정^{markup pricing}은 비용에 이익을 더하여 가격을 결정하는 전통적인 방식입니다. 제대로 검증하지 않으면 높은 가격 결정으로 인해 시장에서 받아들여지지 않을 수 있습니다.

둘째, 목표투자이익률에 따른 가격 결정^{target return pricing}은 투자한 금액에 대한 수익률로 역산하는 방법입니다. 목표 투자 수익률을 달성하는 가격이 책정되므로 실패하지 않는다면 효율적인 편입니다.

셋째, 지각가치에 따른 가격 결정^{perceived-value pricing}은 가격민감도측정 PSM: Price Sensitivity Measurement이라는 시장 지각 가치를 바탕으로 가격을 결정

6가지 가격 결정 방식

하는 방법입니다. 소비자가 느끼는 가격을 분석하여 균형점을 찾습니다.

넷째, 시장가격에 따른 가격 결정^{going-rate pricing}은 자사의 비용 구조나 수요보다 시장 가격을 중시합니다. 경쟁사와 비슷한 가격 수준으로 책정하므로 시장에서 수용될 수는 있지만, 비용 절감을 확실히 해야 합니다.

다섯째, 가치에 따른 가격 결정^{value pricing}은 제품 품질은 낮추지 않으면서, 독창적인 전략으로 가격대를 낮추는 방법입니다. 지속적으로 비용 절감을 실현할 수 있어야 가능합니다.

여섯째, 경쟁입찰에 따른 가격 결정^{auction-type pricing}은 경매를 통해 결정하는 방법입니다. 희소가치에 따라 높은 가격대를 기대할 수 있습니다.

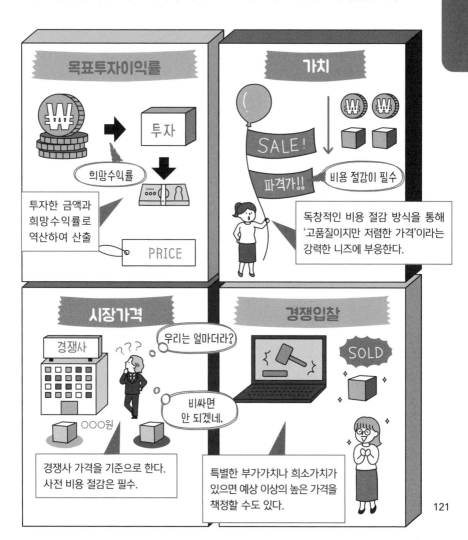

08 최종 가격을 결정하는 3가지 포인트

코틀러는 최종 가격을 결정할 때, 비용 외에도 다양한 요소를 고려해야 한다고 말합니다.

가격 결정 방법을 다각도로 검증한 후에는 제품에 적합한 최종 가격을 결정합니다. 가격 결정은 사업 전략과도 밀접하므로 차별화를 강조할지, 원가 우위cost leadership 전략을 목표로 할지에 따라 최종 가격이 달라집니다.

마케팅 비용도 가격에 따라 변동될 수 있습니다. 원가 우위 전략을 목표로 한다면, 그만큼 촉진에 비용을 투입할 필요가 있습니다. 마케팅 비용이

가격 결정 최종단계

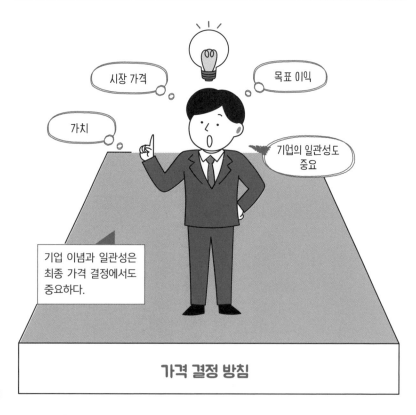

높지 않은 전략이라면, 높은 품질과 합리적인 가격을 설정할 수 있습니다.

제품 비용에는 제조 원가뿐만 아니라 보증 비용도 포함됩니다. 요즘은 별도로 보증 비용을 회수하지 않고, 환불 보증이나 1년 수리 보증을 무상으로 제공하는 경우가 많습니다. 따라서 보증 비용을 고려하지 않고 비용을 계산하는 것은 불가능합니다. 특히, 전자제품에 보증된 수리는 숙련자가 필요하므로 실제로 인건비가 발생합니다.

이렇게 마케팅 비용과 보증 비용을 고려하여 가격 결정 방법을 선택하고, 제품과의 적합성을 검증합니다. 마지막으로 전체적인 균형을 상세히 검토한 후, 최적의 가격을 결정합니다.

영업비

촉진비

마케팅 비용도 가격 결정 비용에 포함되기 때문에, 가격 결정에 따라 마케팅 비용이 변동된다.

마케팅 비용

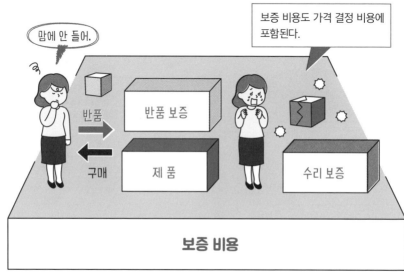

보증 비용도 가격 결정 비용에 포함된다.

맘에 안 들어.

반품

반품 보증

구매

제 품

수리 보증

보증 비용

09 가격을 인하한다고 해서 반드시 매출이 증가하는 것은 아니다

가격이 결정되었어도 필요에 따라 가격을 인하하거나 인상할 수 있습니다.
단, 각각의 리스크를 검토해 봐야 합니다.

최적의 가격을 결정했음에도, 제품이 팔리지 않거나 원가가 변동되면,
가격을 변경해야 합니다. 단, 매출이 동반되지 않으면 가격 인하에 각별한
주의를 기울여야 합니다. 가격 인하 전략이 도리어 역효과를 유발할 수 있기
때문입니다. 필요 이상으로 가격을 내리면 '가격이 저렴한 제품은 품질이
나쁘다'는 이미지로 인해 매출이 오르지 않을 가능성이 있습니다. 게다가
가격 인하가 실제 품질 저하로 이어지면서 매출 향상에 도움이 되지 못한
사례도 많습니다.

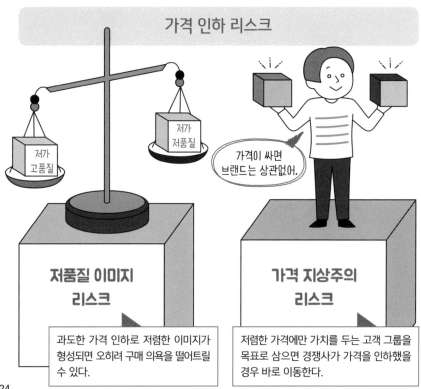

가격 인하 리스크

저가 고품질

저가 저품질

가격이 싸면 브랜드는 상관없어.

저품질 이미지 리스크

과도한 가격 인하로 저렴한 이미지가
형성되면 오히려 구매 의욕을 떨어트릴
수 있다.

가격 지상주의 리스크

저렴한 가격에만 가치를 두는 고객 그룹을
목표로 삼으면 경쟁사가 가격을 인하했을
경우 바로 이동한다.

반면, 품질보다 저렴한 가격을 중시하는 고객 그룹도 있습니다. 이 고객 그룹은 브랜드 인지도보다 가격에 가치를 두기 때문에 경쟁사가 가격을 인하할 경우 바로 경쟁사로 이동합니다. 따라서 기업 사명이 저가 판매가 아니라면, 섣부르게 시장 최저가를 목표로 하는 것은 위험합니다.

가격 인상은 대부분 원가율에 대한 대응책일 때가 많습니다. 예를 들어, 최근 치어 남획으로 장어 가격이 급등했지만, 전국적인 현상이기 때문에 가격을 인상해도 영향이 크지 않았습니다.

'가격 탄력성'이 있는 제품은 가격을 어느 정도 인상하는 것이 효과적일 수 있습니다. 단, 다양한 검증으로 소비자의 니즈를 제대로 파악해야 합니다.

가격 인상 리스크

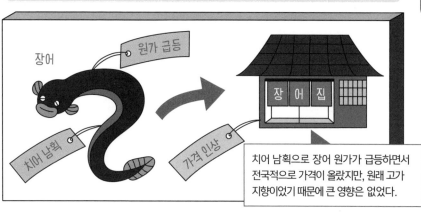

치어 남획으로 장어 원가가 급등하면서 전국적으로 가격이 올랐지만, 원래 고가 지향이었기 때문에 큰 영향은 없었다.

일본 맥도널드 햄버거는 59엔 이라는 파격적인 저가 정책을 내세우며 초반에는 높은 매출을 올렸으나, 100엔으로 올리는 데 3년이 걸렸다.

일본 맥도널드 햄버거 가격 인상 사례

10 경쟁사의 가격 변경에 대응하는 다양한 전략을 수립한다

경쟁사의 가격 변경은 시장 점유율에 영향을 미치는 주요한 사안입니다.
검증과 고찰을 통해 신중하게 대응할 필요가 있습니다.

경쟁사와 경쟁 제품이 있다는 것은 가격 경쟁이 일어날 가능성이 크다는 것을 의미합니다. 섣불리 가격 변경을 결정하면 손실이 발생할 수 있으므로 철저히 검증한 후 실행해야 합니다.

먼저, 경쟁사의 가격 변경 원인을 검증합니다. 단지 시장 점유율 확대가 목표인지, 비용 조건이 바뀐 것인지 조사합니다. 일시적 변경이라면 자사

경쟁사의 가격 변경을 검증

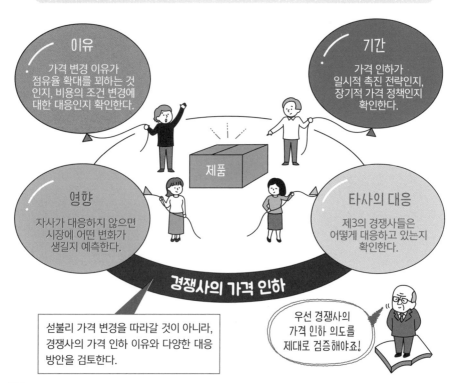

이유
가격 변경 이유가 점유율 확대를 꾀하는 것인지, 비용의 조건 변경에 대한 대응인지 확인한다.

기간
가격 인하가 일시적 촉진 전략인지, 장기적 가격 정책인지 확인한다.

제품

영향
자사가 대응하지 않으면 시장에 어떤 변화가 생길지 예측한다.

타사의 대응
제3의 경쟁사들은 어떻게 대응하고 있는지 확인한다.

경쟁사의 가격 인하

섣불리 가격 변경을 따라갈 것이 아니라, 경쟁사의 가격 인하 이유와 다양한 대응 방안을 검토한다.

우선 경쟁사의 가격 인하 의도를 제대로 검증해야죠!

제품에 장기적으로 영향을 미치진 않습니다. 단, 다른 경쟁사들은 어떻게 대응하는지 주시합니다.

경쟁사가 품질을 낮추고 가격을 인하했다면, 자사의 경쟁 제품으로 인정할 수 없는 제품으로 변질되었을 수 있습니다. 경쟁사의 목적을 파악한 후, 대응책을 세웁니다. 제품 인지도가 경쟁사보다 앞서 있다면 특별한 대응이 필요하지 않습니다.

또 다른 선택지로는 경쟁사의 가격 인하에 따라가지 않고, 자사 제품에 가치를 추가하고 가격은 유지하는 전략도 세울 수 있습니다. 아예 품질을 향상하고 가격을 인상하여 명확한 차별화를 모색하는 과감한 방법도 있습니다. 때에 따라서는 현재의 경쟁 제품은 그대로 유지하고, 새로운 저비용 저가 경쟁 제품을 출시하는 전략도 있습니다.

가격 변경에 대한 대책

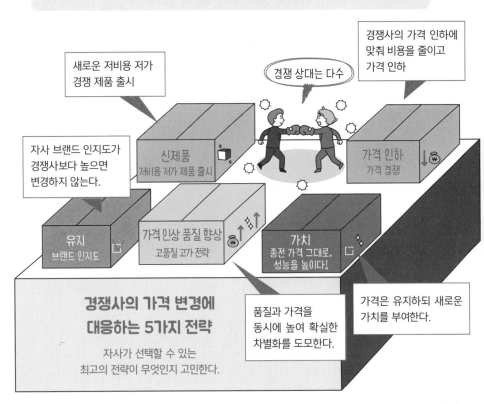

6 Chapter

PHILIP KOTLER
MARKETING
VISUAL NOTES

고객에게 가치를 전달하는
'유통 전략'

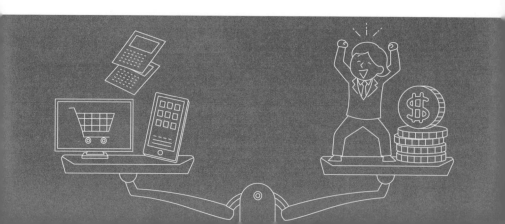

장소와 수량뿐만 아니라 판매자도 중요합니다. 유통 전략을 세울 때는 모든 상황을 고려하여 최적의 판로를 마련해야 합니다.

제품 판매로 이익을 내려면, 적절한 장소에 적절한 양의 제품을 유통해야 합니다. 적절한 장소란 고객에게 도달하는 장소이고, 적절한 양은 고객이 구매를 원할 때 재고 수량이 있어야 함을 말합니다. 이 채널을 제대로 확보하는 것이 중요합니다.

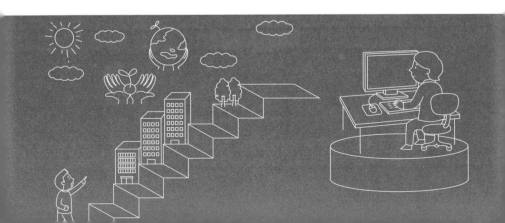

01 생산자와 소비자를 연결하는 유통 채널

유통 채널은 개발된 제품을 확산하는 중요한 역할을 담당합니다.
채널을 외부 위탁하는 의의를 검증해 봅시다.

유통 채널^{distribution channel}은 제품이 소비자에게 전달되는 경로로 중요한 역할을 담당합니다. 대다수의 기업은 유통 채널을 유통업체(중간상)에게 위탁합니다. 유통업체에서 중간 마진을 취하게 되지만, 그래도 위탁의 장점이 더 크기 때문입니다. 유통업체는 전문적이고 우수한 시스템을 갖추고 있습니다. 전국 매장을 연결하는 네트워크를 구축하고 있으며, 해외 판로를 보유한 곳도 있습니다.

유통 채널을 위탁한다

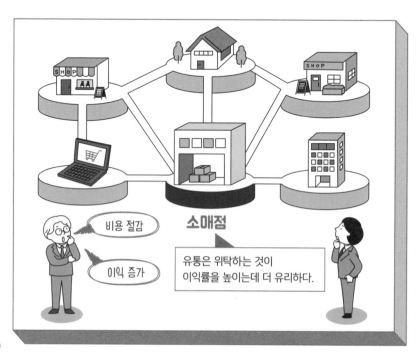

소매점

비용 절감

이익 증가

유통은 위탁하는 것이
이익률을 높이는데 더 유리하다.

현대의 유통 채널은 매우 세분화되어 있어서 채널 전략이 중요합니다. 편의점, 약국, 슈퍼마켓, 전자제품 전문점, 쇼핑몰 등 체인망으로 운영되는 대형소매점과 쇼핑몰이 전국 각지에 존재하기 때문입니다.

무수한 매장으로 연결되는 유통 채널을 제조사가 직접 개척하고 관리하려면 막대한 비용과 시간이 소요됩니다. 소규모 개인사업체가 아니라면 위탁하는 편이 훨씬 효율적이고 이익률도 높습니다. 일부 중견 기업은 유통 채널을 직접 구축하여 이익률을 높이거나, 다른 기업의 유통 채널을 인수하는 방식으로 사업을 전개하고 있지만, 소수일 뿐입니다.

02 이익률과 판로를 분석하고 채널 길이를 결정한다

유통 채널에서 제품이 거치는 중간 단계의 수에 따라 리스크와 이익이 달라집니다.

유통 채널의 길이는 생산자와 소비자 사이에서 제품이 거치는 단계 수로 결정됩니다.

0단계 채널은 유통업체를 거치지 않고, 기업이 직접 최종 소비자에게 제품을 판매합니다. 자사 홈페이지의 통신 판매, 영업 사원의 방문 판매, 직영매장의 대면 판매는 모두 0단계 채널입니다. 중간 마진이 발생하지 않아 이익률은 높지만, 판로가 좁습니다.

1단계 채널은 기업이 직접 소매점이나 전자상거래 업체와 계약하고, 제품을 유통합니다. 기업과 소매점이 밀접한 관계를 맺을 수 있어 고객의

유통 채널의 길이

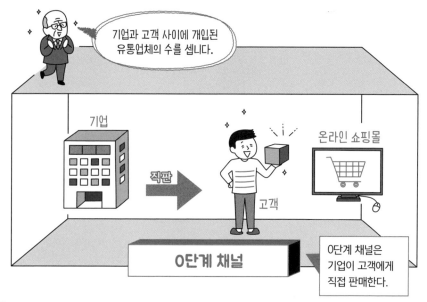

기업과 고객 사이에 개입된 유통업체의 수를 셉니다.

기업 / 직판 / 고객 / 온라인 쇼핑몰

0단계 채널

0단계 채널은 기업이 고객에게 직접 판매한다.

니즈를 파악하기 쉽습니다. 단, 수많은 소매점에 제품을 운송하고, 재고 관리도 해야 한다는 점에서 비용이 들고, 판로가 어중간해지기 쉽습니다.

2단계 채널은 기업에서 도매상을 거쳐, 도매상이 소매상과 전자상거래 업체에 판매하는 방식입니다. 대량 유통·판매가 가능하며, 이익률도 낮지 않아 가장 보편적으로 사용됩니다.

3단계 채널은 중간에 도매 단계를 한 번 더 두는 방식입니다. 판매량을 추가로 늘리고, 유통으로 매출을 올리고 싶은 경우에 취하는 방식입니다.

기업에서 매장으로 직접 제품을 전달하고, 매장에서 판매한다.

기업 / 소매점 / 온라인 쇼핑몰 / 고객

1단계 채널

대량판매 / 소매점

기업 / 도매 / 온라인 쇼핑몰 / 고객

2단계 채널

'기업→도매→소매→고객' 가장 보편적인 방법이다.

소매점 / 도매

기업 / 도매 / 고객

3단계 채널

대기업에서 대량 판매를 위해 취하는 방식이다.

KEY WORD ➡ ☑ 구매량 / 시간 / 편의성 / 다양성 / 서비스

03 고객의 니즈를 반영한 유통 채널을 설계한다

기업의 업태나 제품에 따라 적합한 채널이 다릅니다.
고객의 니즈가 반영된 채널 선정이 중요합니다.

코틀러는 기업이 유통 채널을 설계할 때, 고객의 5가지 니즈를 파악해야
한다고 말합니다.

첫째, 고객의 구매량입니다. 식품 기업이라면 넓은 주차장을 갖춘 대형
마트를 이용하는 가족 단위 고객층에게 대량의 제품을 한 번에 구매하도
록 유도하는 것이 이익입니다.

채널의 수준 분석

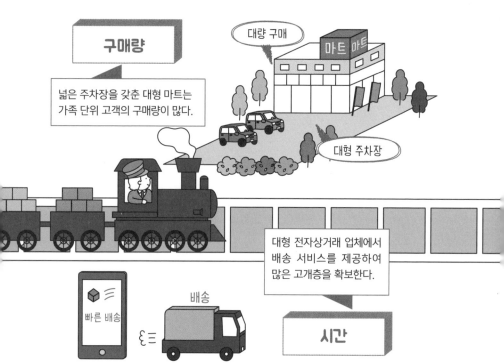

구매량

넓은 주차장을 갖춘 대형 마트는
가족 단위 고객의 구매량이 많다.

대량 구매

마트 마트

대형 주차장

대형 전자상거래 업체에서
배송 서비스를 제공하여
많은 고개층을 확보한다.

빠른 배송

배송

시간

둘째, 고객의 시간에 관해 고찰합니다. 전자상거래 업체의 배송 서비스로 이젠 온라인 판매가 오프라인보다 중요한 역할을 담당하게 되었습니다.

셋째, 채널의 편의성입니다. 일상적인 쇼핑은 주거지와 인접한 매장이 좋지만, 가구나 가전제품 같은 특수한 쇼핑은 다소 멀어도 상관없습니다.

넷째, 채널의 다양성입니다. 쇼핑몰이나 대형 마트는 한 번에 많은 양을 쇼핑할 때 편리합니다. 반면, 혼잡함을 싫어하고 핀포인트 욕구가 확실한 고객층에게는 소형 매장이 유용합니다.

다섯째, 채널에서 제공하는 서비스입니다. 채널에 배송 서비스와 보증이 포함되면 고객은 안심하고 이용할 수 있습니다.

서비스

배송

수리 보증

고객 지원과 보증이 충실하면 재방문자가 증가한다.

다양한 품목

뭐든 있어.

다양해.

대형 쇼핑몰

품목이 다양하면 이용자가 많다.

어디에든 있음

집에서 가까움

24

24 편의점

입지에 따라 일부 채널은 쉽게 도달할 수 있다.

장소

135

04 채널 파트너 수와 유통 방식을 결정한다

채널 설계를 마쳤다면 구체적으로 유통 방식을 결정합니다.
필요한 유통업체의 수에 따라 3가지 전략이 있습니다.

제품을 배포할 유통업체의 수에 따라 유통 채널의 폭이 결정됩니다

자사 제품이 브랜드 인지도가 높고, 고급 명품인 경우는 '배타적 유통'이 적합합니다. 유통처를 한정하고 확실히 높은 이익률로 판매합니다.

가구, 가전, 자동차 등의 내구소비재는 판매를 희망하는 업체를 선별하여 유통하는 '선택적 유통'이 적합합니다. 배타적 유통보다 통제하기 어렵지만, 더 많은 고객에게 제대로 전달할 수 있는 판로를 개척할 수 있습니다.

유통업체의 수와 채널의 폭

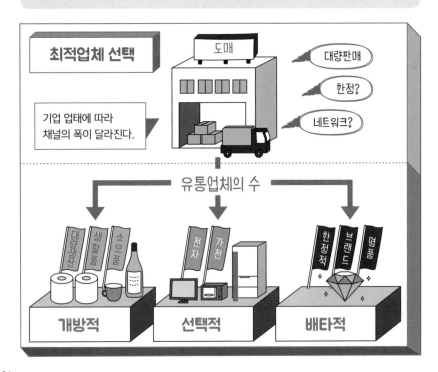

생활용품이나 소모품처럼 대량 판매를 전제로 한 제품은 '개방적 유통'이 적합합니다. 무제한으로 판로를 개척하여 가능한 한 많은 제품을 시장에 유통합니다. 관리는 어렵지만, 이익률은 높습니다.

유통 채널은 여러 채널 파트너들로 구성되는 네트워크입니다. 따라서 채널 파트너들 간의 공통 규칙을 정해야 합니다. 예를 들어, 다른 파트너에게 피해를 줄 수 있는 극단적 할인, 자사 제품 간의 충돌이 발생할 수 있는 인접 지역 판매 등 미연에 방지해야 할 갈등 상황에 대해 규칙을 정하고, 채널 파트너들과 공유합니다.

채널 파트너들이 지켜야 할 규칙을 정한다

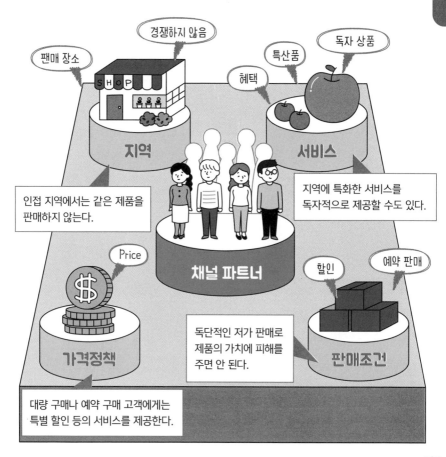

판매 장소

경쟁하지 않음

특산품

독자 상품

혜택

지역

서비스

인접 지역에서는 같은 제품을 판매하지 않는다.

지역에 특화한 서비스를 독자적으로 제공할 수도 있다.

Price

채널 파트너

할인

예약 판매

독단적인 저가 판매로 제품의 가치에 피해를 주면 안 된다.

가격정책

판매조건

대량 구매나 예약 구매 고객에게는 특별 할인 등의 서비스를 제공한다.

05 채널 파트너의 능력을 사전 검증한다

채널 파트너 후보들의 능력을 철저히 조사하고, 자사가 추구하는 바와 맞는지 대조하여 검증합니다.

기업은 제품과 서비스를 고객에게 전달하기 위해 채널 파트너로 구성된 네트워크에 의존합니다. 따라서 채널 파트너 결정에 신중을 기해야 합니다. 코틀러는 채널 파트너로서의 능력을 검증하는 3가지 기준을 제안합니다.

첫째, '경제성'으로 판매력을 검증합니다. 일반적으로 판매력이 높은 채널일수록 비용도 많이 드는 법입니다. 매출 대비 비용의 비율이 적은 편이 이익은 좋겠지만, 전체 이익률 측면에서 채널의 적합성 여부를 자사 제품과 대조하여 검증합니다.

채널 파트너 결정 기준

★경제성

비용이 낮다.
리스크가 적다.
영업력이 낮다.
촉진 효과로 판다.
판매력이 높다.

혜택
잘 팔리면 행운
온라인 쇼핑몰은 비용이 낮지만, 판매력도 낮다.

비용이 높다.
오프라인 매장은 임대료, 인건비 등 비용이 높지만, 판매력도 높다.

둘째, '통제력'입니다. 강한 판매력을 가진 채널일수록 제품을 통제하려는 경향이 있습니다. 채널 측의 통제로 인해 자사 제품의 브랜드 인지도가 크게 손상되는 것을 방지해야 합니다. 거래 조건을 세심히 따져 둡시다.

셋째, '시장 적응성'입니다. 채널 파트너로 거래가 시작되면, 일정 기간 지속됩니다. 채널 파트너가 갑자기 발생한 문제를 감당하지 못해, 기업 측에서 예상치 못한 손해를 떠안아야 할 경우도 있습니다. 채널 파트너 후보에 대한 사전 조사를 철저히 해야 합니다.

대형 소매점은 판매량이 많지만 통제하기 어렵다. 기업의 직접 판매는 제품의 가치를 소중히 지키고, 통제하기도 쉽다.

★통제력

대형 소매점

기업

통제가 어렵다.

많이 판다.

통제가 쉽다.

정성스럽게 판다.

★시장 적응성

영업중

이 조건들을 충족시킬 수 있다면 계약합니다.

영업중

폐업

폐업

채널 파트너의 파산은 다른 파트너에게도 영향을 미칠 수 있다.

06 채널 파트너의 성장을 지원하고 성과를 관리한다

코틀러는 기업과 채널 파트너는 같은 목적·정체성·가치를 가져야 한다고 말합니다.

채널 파트너는 협력업체지만, 고객 입장에서 보면 자사와 같은 존재로 여겨집니다. 즉, 채널 파트너는 기업을 대신에 제품과 서비스를 고객에게 제 공하는 위치입니다.

따라서, 채널 파트너들이 제품과 서비스의 일관성을 유지할 수 있도록 기업 차원에서 교육 프로그램을 운영해야 합니다. 때에 따라서는 특별 연수 프로그램이나 경진 대회를 개최하면 동반관계 강화와 품질 유지에 효과적

마케팅 채널 관리

고객 응대　　신속함　　사고 대책　　품질 통일

교육 ◀ 품질의 일관성 유지를 위해 교육 프로그램을 운영한다.

입니다. 한 외식업체는 정기적으로 서비스 품질을 겨루는 대회를 개최하여 채널 파트너의 자긍심을 고취하고 동기 부여 효과도 내고 있습니다.

채널 파트너의 니즈와 원츠를 파악하고, 고객과 다름없이 만족도를 높여 나가면 장기적으로 우호적인 관계를 구축할 수 있습니다.

공정하고 정확하게 채널 성과를 평가하는 것도 중요합니다. 성과가 우수한 파트너에게는 포상하고, 추가적인 이익 추구도 지지해 줍니다. 교육이 필요한 채널에는 새로운 프로그램을 제안합니다. 때로는 실적이 좋지 않은 채널의 철수를 결단하는 것도 기업의 이익을 위해 필요합니다.

대책

동기부여

SHOP

검토

보고

생산자

SHOP

매출

문제

채널 파트너가 제대로 성과를 내고 있는지
정기적으로 점검하고 보고 받아야 한다.

성과 관리

계약 해지

실적 부진

보수 UP

매출 UP

SHOP

교육

SHOP

실적이 나쁜 업체는 거래 중단을 결정하고,
매출이 좋은 업체는 보상을 제공한다.

평가

07 채널 파트너를 효율적으로 관리하는 5가지 방법

기업은 채널 파트너의 역량을 키우고, 파트너들 간의 갈등과 리스크를 줄이는 것이 중요한 과제입니다.

코틀러는 기업과 채널 파트너가 양질의 관계를 구축하고, 갈등과 리스크를 줄이는 5가지 방법을 제안합니다.

첫째, 관계성입니다. 채널 파트너와 기업이 긴밀히 소통하고, 함께 문제를 해결하는 동반 관계를 구축하는 것이 중요합니다.

둘째, 객관적인 평가에 근거하여 성과가 우수한 채널에는 보상과 우대 혜택을 지원함으로써 채널 파트너의 자긍심과 의욕을 높입니다.

5가지 동기 부여 전략

기업과 채널 파트너가 협력하여 문제를 해결하고 한계를 극복해야 합니다.

해결했다!

할당량 달성 보수

결과가 좋으면 보상을 한다. **보상**

계약 해지 / 교육

성과가 나지 않으면, 교육을 지원하거나 계약을 해지한다. **강제력**

셋째, 채널 파트너의 전문성을 강화하는 교육을 제공합니다. 기업 측의 독자적인 노하우와 우수한 기술을 습득할 수 있으므로 채널 파트너에게는 이익이 됩니다.

넷째, 채널 파트너에게 계약에 근거한 실행을 요구할 수 있는 정당성이 필요합니다. 특정 파트너의 독단적 판단으로 행해진 결과가 다른 파트너와 논리적 모순을 유발할 경우 갈등이 생길 수 있습니다.

다섯째, 강제력입니다. 기업의 교육과 지원에도 불구하고 성과가 나오지 않는다면, 강제적으로 계약을 해지하거나 제품을 회수할 수밖에 없습니다.

7 Chapter

PHILIP KOTLER
MARKETING
VISUAL NOTES

고객의 마음을 사로잡는
'촉진 전략'

모든 기업은 치열할 정도로
촉진 전략에 공을 들입니다.
연이어 변화하는 트렌드를 파악하고
마케팅 효과를 극대화할 수 있는
촉진 방법을 찾아봅시다.

촉진은 가장 효과적인 마케팅 전략 중 하나입니다. 제품의 매력을 홍보하고, 구매 의욕을 유발하는 방법이지만, 타깃과 방법을 잘못 선정하면 노력과 비용 낭비로 끝납니다. 수많은 촉진 전략 중에 고객의 선택을 받는 최적의 전략이 무엇일지 고민해 봅시다.

01 고객과의 관계성을 거시적 모델로 생각한다

거시적 모델은 마케팅 커뮤니케이션 전략에서 기업과 고객 커뮤니케이션의 기반이 됩니다.

코틀러는 촉진을 '마케팅 커뮤니케이션'이라고 정의합니다. 촉진은 일방적인 정보 전달이 아닌 양방향 커뮤니케이션이기 때문입니다.

기업과 소비자 간의 커뮤니케이션 과정을 '거시적 모델macro model'로 설명하면 다음과 같습니다. 기업은 제품을 가능한 한 명확하게 소비자에게 전달하고자 제품을 '인코딩encoding 부호화'합니다. 소비자는 인코딩 된 정보를 독자적 해석으로 변환하는 '디코딩decoding 복호화'을 수행합니다.

기업이 거시적 모델의 커뮤니케이션을 실행할 때, 다음 3가지에 주의를 기울여야 합니다.

커뮤니케이션 과정의 거시적 모델

기업이 알기 쉽게 전달하려고 한 정보

왠지 조금 알 것 같아.

인코딩

디코딩

기업이 알기 쉽게 전달하려고 한 정보

소비자가 독자적 해석으로 받아들인 정보

마케팅 커뮤니케이션

기업

소비자

146

첫째, 선택적 주의^{selective attention} 입니다. 소비자는 매일 엄청난 양의 정보를 접합니다. 즉, 소비자는 모든 정보를 자세히 읽지 않고, 스스로 특징적인 정보를 선택하여 읽습니다. 따라서 기업은 소비자의 관심을 끄는 메시지를 만드는 방법에 관해 고민해야 합니다.

둘째, 선택적 왜곡^{selective distortion} 입니다. 소비자는 흘러 들어오는 정보를 왜곡해서 포착할 수 있습니다.

셋째, 선택적 보유^{selective retention} 입니다. 대부분의 정보는 잊히고, 소비자의 기억에 남는 정보는 일부에 불과합니다.

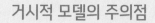

거시적 모델의 주의점

> 수신 메세지
SALE !!
신제품이 출시
되었어요~

주의를 끄는 메시지

소비자는 수많은 메시지로부터 특징적인 정보만 읽는다.

선택적 주의

단순

명쾌

독자적 해석

디코딩

소비자는 기업이 보낸 정보를 왜곡하여 해석한다.

선택적 왜곡

반복

계속

소비자는 기업의 정보를 편의적으로 기억하므로 반복해서 배포해야 한다.

선택적 보유

02 소비자 구매 준비 단계를 미시적 모델로 분석한다

거시적 모델이 정보를 대략 전달하는 방식이라면 미시적 모델은 단계적으로 접근합니다.

코틀러는 기업의 메시지를 받은 소비자가 구매로 연결되는 '소비자 구매 준비 단계buyer-readiness stages'를 '미시적 모델micro model'로 설명합니다.

'계층적 효과 모형hierarchy model of effect'의 '인지 → 감정 → 행동'에 이르는 과정으로 분류할 수 있습니다.

'인지 과정'은 메시지를 통해 정보를 인지awareness하고, 이해하여 지식knowledge으로 받아들입니다.

'감정 과정'은 새롭게 인지한 정보에 호감liking을 가지고 보다 확실하게 인지하는 선호preference 과정에 이르게 됩니다.

'행동 과정'에서 확신conviction으로 바뀌고 최종 구매purchase로 연결됩니다.

계층적 효과 모형

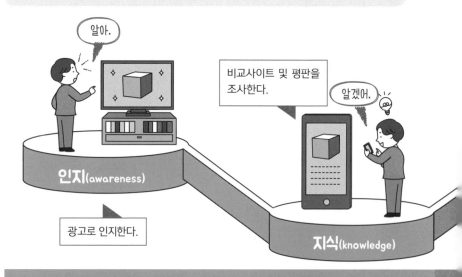

인지

이 과정은 단번에 일어나는 것은 아닙니다. 메시지를 반복해서 접하거나, 지인의 입소문을 통해 새로운 정보를 추가하면서 단계적으로 구매 행동에 도달하게 됩니다. 이 과정이 원활하게 진행되기 위해서는 발신자의 메시지가 다양하고 창의적이어야 합니다.

첫째, 메시지에 소비자가 반복해서 보고 싶을 만한 매력이 있어야 합니다.

둘째, 메시지에 '호감'을 느낀 소비자를 '선호'로 이끌기 위해서는 실제 제품의 기능과 디자인이 매혹적이어야 합니다.

셋째, 소비자가 정보에 쉽게 접근할 수 있어야 '지식'에서 '선호'로 원활하게 전환될 수 있습니다.

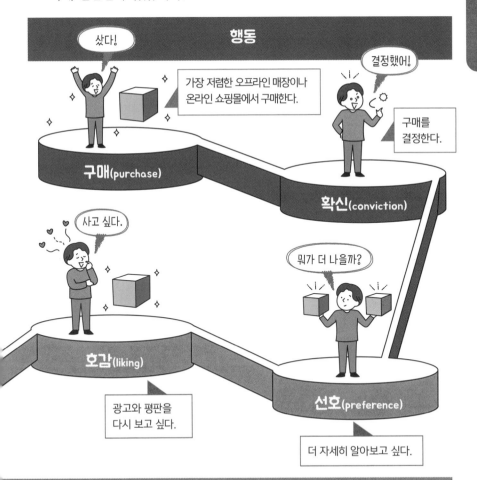

03 타깃과 목적이 명확한 촉진 전략을 세운다

마케팅 커뮤니케이션을 실행할 때, 발신 내용을 타깃별로 선별하는 것이 중요합니다.

앞서 설명한 '계층적 효과 모형'은 모든 유형의 소비자에게 유효한 것은 아닙니다. 소비자의 상태와 인지도에 따라 적합한 정보는 다릅니다. 하다 못해 같은 제품 구매 이력이 있는지, 같은 기업의 다른 제품 구매 이력이 있는지에 따라서도 기업의 타깃 시청자가 달라집니다.

에버렛 로저스Everett M. Rogers는 정보 인식 차이를 바탕으로 소비자 그룹을 5가지 유형으로 나누었습니다.

소비자 그룹을 구분하는 혁신 확산 이론

어떤 유형이 우리의 타깃 시청자로 적합할까.

새로운 게 좋아.

혁신적

트렌드

인플루언서

조기 수용자
(얼리 어답터)
13.5%

혁신 소비자
(이노베이터)
2.5%

전체 유형의 2.5%에 불과하지만, 이들에게서 정보가 발신된다.

트렌드를 조기에 예감하고, 민감히 반응하며 정보를 확산한다.

첫째, 혁신 소비자^{innovators} 유형은 새로운 것을 좋아하고, 정보를 최초로 발견합니다. 둘째, 조기 수용자^{early adopters} 유형은 정보를 통해 트렌드를 예측하고 지각합니다. 셋째, 조기 다수자^{early majority} 유형은 유행이 정점에 이를 무렵에 정보를 지각합니다. 넷째, 후기 다수자^{late majority} 유형은 유행이 널리 확산하였을 때 정보를 인지합니다. 다섯째, 지각 수용자^{laggards} 유형은 유행이 쇠퇴한 후에 정보를 인지합니다.

제품의 인지 순서를 이 이론에 적용해 타깃 시청자를 압축하는 방법도 있습니다.

one point

1962년에 에버렛 로저스가 제창한 '혁신 확산 이론^{Innovation Diffusion Theory}'은 이후에 제프리 무어^{Geoffrey A. Moore}의 '캐즘 이론^{Chasm Theory}'과 결합하여 오랫동안 지지를 받는 타깃 시청자 분석 이론의 대표 격입니다.

약간 신중

놓치기 싫다.

다 하고 있다면
…

전통을 존중해.

조기 다수자
(얼리 머저리티)
34%

후기 다수자
(레이트 머저리티)
34%

문화적으로
수용이 안 돼.

전체 34%를 차지하며
주류를 형성한다.

유행에 다소 회의적이지만,
확신으로 바뀌면 몰입한다.

지각 수용자
(래거즈)
16%

조기 다수자와
후기 다수자가
가장 타깃이 되는
고객이야.

유행이나 트렌드에 별 관심이 없고,
문화·전통적인 것에 반응한다.

04 효과적으로 메시지를 전달하는 전략

마케팅 커뮤니케이션에서는 '누가, 무엇을, 어떻게'가 중요합니다.

코틀러는 고객의 긍정적인 반응을 끌어내는 마케팅 커뮤니케이션 방법으로 '메시지 전략'과 '크리에이티브 전략'을 제안합니다.

메시지 전략은 '무엇'을 전달할지 내용에 집중합니다. 소비자의 욕구를 직관적이고 강력하게 메시지로 내세우면 효과가 커집니다. 단순하지만 확실한 소구점을 메시지에 담는 것이 매우 중요합니다.

메시지 전략과 크리에이티브 전략

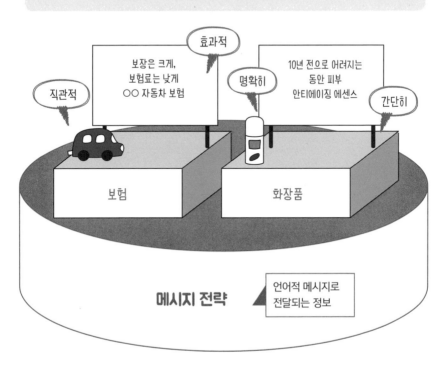

크리에이티브 전략은 '정보형'과 '변용형'으로 나뉘며, 언어를 넘어 창의성을 내세웁니다.

정보형은 제품의 장점을 지적이고 논리적으로 어필합니다. 기능을 직접 보여주는 시연형, 경쟁사를 겨냥한 경쟁사 비교형 그리고 유명인 추천형 등의 방법이 있습니다.

변용형은 제품의 이미지를 내세워 감성을 자극하고 설득합니다.

또한, 정해진 광고 형식을 취하지 않고 유명인의 블로그나 SNS를 통해 개인적으로 정보를 보내는 발신형도 있습니다.

크리에이티브 전략

05 대면적 커뮤니케이션 채널의 3가지 요소

코틀러는 마케팅 커뮤니케이션 방법이 세분화되면서 메시지를 효율적으로 전달할 채널을 선택하는 것이 더 어려워졌다고 말합니다.

코틀러는 마케팅 커뮤니케이션에도 채널의 개념을 적용하여, '커뮤니케이션 채널은 대면적 채널과 비대면적 채널로 나뉜다'고 설명합니다.

대면적 커뮤니케이션 채널personal communication channels은 한 명 혹은 그 이상의 고객들과 직접 만나서 소통하는 방법과 우편, 전화, 메일, SNS 채팅 등을 활용하는 방법이 있습니다. 상대방에게 직접 호소하고 피드백을 받을 수 있다는 장점이 있습니다. 대면적 커뮤니케이션 채널의 종류로는 '기업 채널, 전문가 채널, 사회적 채널'이 있습니다.

3가지 대면적 커뮤니케이션 채널

기업 채널

어서 오세요.

무엇을 도와드릴까요?

점원

CS 담당자

매장 판매원의 풍부한 정보는 여전히 설득력이 높다.

기업 채널은 제품 구매 이전 단계에서 주로 매장 판매원이 역할을 담당합니다. 제품 지식이 풍부한 매장 판매원의 설득력 있는 의견이 소비자의 구매 의욕 환기로 이어집니다.

전문가 채널은 주로 웹 서비스 상의 제품 비교 검증 기사에서 존재감을 발휘합니다. 제품에 대해 상세히 알고 있는 전문가의 의견은 소비자에게 설득력을 부여합니다.

사회적 채널에서 효과가 높고 강력한 영향력을 발휘한다고 인정받는 것이 '입소문'입니다. 가족, 지인, 다수 소비자의 기탄없는 이용 후기에 신뢰가 더해지는 경향이 있습니다.

비교 사이트나 동영상 사이트에서 전문가가 신제품을 리뷰하는 콘텐츠가 유행이다.

전문가 채널

비교해 보았습니다.

최근에는 이용자의 리얼한 입소문이 가장 가치 있다.

사회적 채널

SNS

이제는 기업 광고보다 입소문 효과가 더 강력한 영향력을 발휘합니다.

평판

리뷰

06
직접 접촉이 없는
비대면적 커뮤니케이션 채널

코틀러는 미디어나 이벤트 등의 촉진 행위를 비대면적 커뮤니케이션이라고
말합니다.

비대면적 커뮤니케이션 채널$^{\text{non-personal communication channels}}$은 각종 미디어 매체나 주변 분위기를 활용한 이벤트 등 간접적인 커뮤니케이션에 의해 발신되는 다양한 정보를 말합니다.

비대면적 커뮤니케이션 채널은 미디어, 판매촉진, 이벤트, 보도자료 등이 있습니다. 대면적 커뮤니케이션 채널보다 설득력은 떨어지지만, 소비자는 TV, 인터넷, SNS에서 흘러나오는 보도자료나 광고를 보고 신제품 출시를 인지하는 경우가 더 많습니다.

간접적 커뮤니케이션 채널

TV 광고, SNS 홍보, 책이나 잡지 광고는
소비자에게 신제품 정보를 알리는 관문이다.

매스 미디어는 소비자가 제품을 지각하는 관문으로 여전히 유용합니다. 브랜드 충성도가 높은 고객에게 신제품 출시와 이벤트 관련 정보를 알리는 필수적인 커뮤니케이션입니다.

비대면적 커뮤니케이션은 브랜드 인지도를 중시하는 소비자에게 매우 중요한 채널입니다. 대면적·비대면적 커뮤니케이션 채널 믹스를 통해 소비자의 구매 의욕을 북돋우고, 최종적으로는 제품을 구매하도록 유도할 수 있습니다.

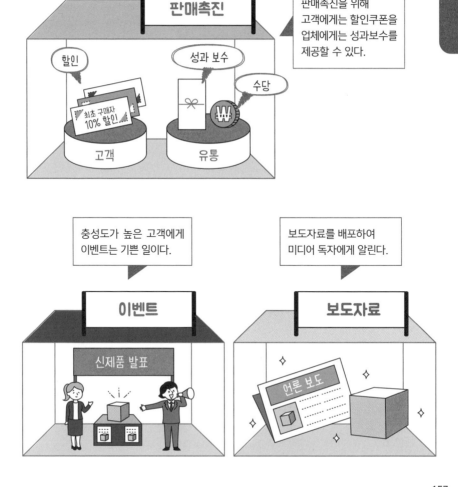

판매촉진

판매촉진을 위해 고객에게는 할인쿠폰을 업체에게는 성과보수를 제공할 수 있다.

할인

성과 보수

수당

최초 구매자 10% 할인

고객

유통

충성도가 높은 고객에게 이벤트는 기쁜 일이다.

보도자료를 배포하여 미디어 독자에게 알린다.

이벤트

보도자료

신제품 발표

언론 보도

07 촉진 비용을 결정하는 3가지 방법

코틀러는 마케팅 커뮤니케이션에 필요한 촉진 비용을 결정하는 3가지 방법을 소개합니다.

마케팅 커뮤니케이션에 필요한 촉진 비용은 쉽게 산출할 수 없습니다. 자사가 진행한 마케팅이 매출과 직결되었다는 인과관계를 밝히기 어렵기 때문입니다.

코틀러는 마케팅 예산을 결정하는 3가지 방법을 제안합니다.

첫째, 가용예산 할당법입니다. 가장 간단한 산출 방법으로 기업이 지출 가능한 비용을 미리 결정하는 방법입니다. 단기 촉진에는 적합할지 몰라도 장기 촉진을 위한 예산 책정은 불확실해질 수 있습니다.

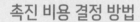

촉진 비용 결정 방법

회사가 필요하다고 판단하는 최소한의 촉진 비용이다. 기업 활동 비용이 우선된다.

회사의 자산

촉진 비용 산출은 쉽지 않습니다.

가용예산 할당법

둘째, 매출액 비율법입니다. 매출 실적 및 예상 매출을 기반으로 마케팅 비용을 산출하므로 가장 확실한 예산 산출 방법입니다. 다만, 본디 촉진은 아직 매출이 증가하지 않은 제품에 대해서 실행하는 것이고, 이미 매출이 증가한 제품에 촉진 비용을 책정하는 경우가 거의 없기 때문에 정당화되기 어려울 수 있습니다.

셋째, 경쟁사 대비 할당법입니다. 경쟁사의 촉진 전략에 대항하기 위해 예산을 책정하는 방법입니다. 타사의 매출을 억제할 수는 있지만, 자사에 유용한 예산인지 여부는 내용에 따라 다릅니다.

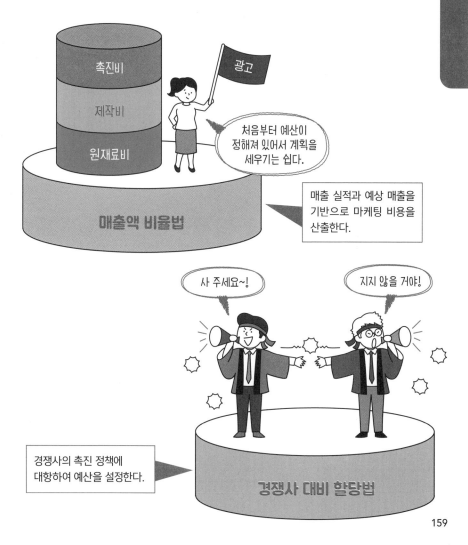

08 촉진 도구를 조합한 마케팅 커뮤니케이션 믹스

코틀러는 촉진 비용을 결정할 때, 촉진 도구의 특징을 이해하고 예산을 배분해야 한다고 말합니다.

광고, 이벤트, 보도자료 등 촉진에 활용되는 도구는 다양합니다. 코틀러는 각각 고유한 특성이 있는 6가지 촉진 도구promotion tools를 조합하여 마케팅 커뮤니케이션 믹스marketing communication mix라고 지칭합니다.

첫째, 광고는 TV, 잡지, 웹, 서비스의 홍보 시스템을 이용한 촉진입니다. 최근에는 YouTube 광고도 효과적입니다.

둘째, 판매촉진은 쿠폰이나 할인 등의 혜택 서비스를 말합니다.

마케팅 커뮤니케이션 믹스

셋째, 보도자료는 광고와 달리 기사나 방송 프로그램으로 알리는 것입니다. 광고 이상의 시청 가치가 있는 매력적인 콘텐츠가 되는 경우가 많습니다.

넷째, 이벤트는 제품의 신선함과 특별함을 어필할 수 있습니다.

다섯째, 영업^{salesforce}은 영업사원이 직접 대면하는 활동으로 고객과 신뢰 관계를 구축할 수 있습니다.

여섯째, 다이렉트 마케팅$^{direct\ marketing}$은 DM$^{Direct\ Message}$, 메일, 뉴스레터, SNS 등을 활용한 마케팅입니다. 최근 온라인 쇼핑몰의 추천 광고는 가장 효과적인 직접 마케팅 방법으로 인식되고 있습니다.

09 촉진 효과를 극대화하는 시장과 시기 선택법

6가지 촉진 도구의 비용 대비 효과를 극대화하기 위해서는 시장 유형과 진입 시기를 제대로 판단해야 합니다.

코틀러는 마케팅 커뮤니케이션 믹스 개발 시, '제품 시장 유형, 소비자의 구매 준비 단계, 제품 수명 주기 단계'라는 3가지를 사항을 고려해야 한다고 말합니다.

첫째, '시장 유형'에 따라 커뮤니케이션 믹스 배분이 달라집니다. 생산재 시장에서는 방문 영업이 주로 이루어지지만, 광고도 효과적입니다. 소비재 시장에서도 영업은 직접 거래를 늘리는 데 중요한 역할을 합니다.

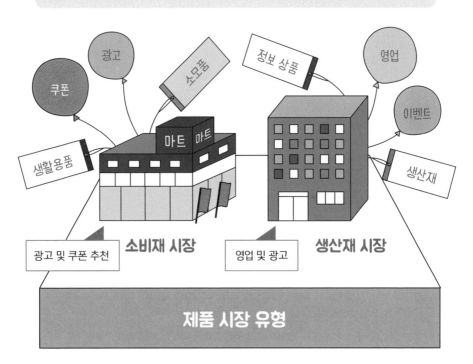

커뮤니케이션 믹스의 3가지 포인트

둘째, '소비자의 구매 준비 단계'에 따라 촉진 도구의 비용 대비 효과가 달라집니다. 광고와 보도자료는 제품 인지 단계에서 가장 효과가 큽니다. 고객의 이해를 구하는 지식 단계는 주로 광고가, 확신시키는 단계에서는 인적 판매가, 마지막 구매 단계는 판매촉진과 영업이 효과를 발휘합니다.

셋째, '제품 수명 주기 단계'에 따라서도 촉진 도구의 비용 대비 효과가 달라집니다. 도입기에는 광고와 보도자료가 가장 영향력이 큽니다. 성장기에는 입소문의 효과가 크고, 성숙기에는 판매촉진, 광고, 영업의 중요도가 커지며, 쇠퇴기에는 보도자료의 효과가 희미해집니다.

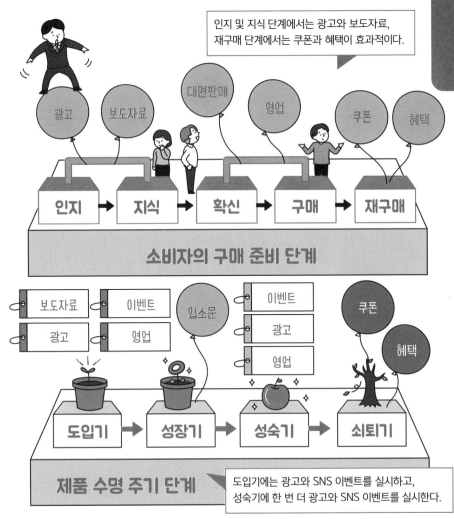

인지 및 지식 단계에서는 광고와 보도자료, 재구매 단계에서는 쿠폰과 혜택이 효과적이다.

도입기에는 광고와 SNS 이벤트를 실시하고, 성숙기에 한 번 더 광고와 SNS 이벤트를 실시한다.

10 촉진 전략의 효과를 측정한다

마케팅 커뮤니케이션을 실행한 후에는 촉진 전략의 실제 성과를 측정합니다.

다양한 마케팅 커뮤니케이션을 수행한 후, 촉진 전략이 실제로 얼마나 효과적이었는지를 측정합니다.

다이렉트 마케팅의 결과는 설문 조사를 통해, 어느 단계까지 메시지를 보았는지, 실제 구매 단계까지 도달했는지를 수치화하고, 인지율, 구매율, 추천율도 측정할 수 있습니다. 조사 결과를 바탕으로 더욱 정밀한 마케팅 전략을 세울 수 있습니다.

촉진 효과를 측정한다

통합 마케팅 커뮤니케이션^{IMC: Integrated Marketing Communication}을 활용해 다양한 마케팅 채널을 조합하고 효과를 극대화할 수 있습니다. 예를 들어, 뉴스레터 광고를 본 고객에게 혜택을 주어 회원으로 가입시키고, 이벤트로 초대하는 링크를 보내는 등, 디지털 세상 특유의 조합을 만들어내는 것이 가능합니다. 또한, 지면 매체에 QR코드를 삽입하고, 웹 사이트로 유입하여 더 많은 정보를 제공할 수도 있습니다.

이처럼 여러 마케팅 커뮤니케이션을 조합하면 마케팅 효과를 더욱 높일 수 있습니다.

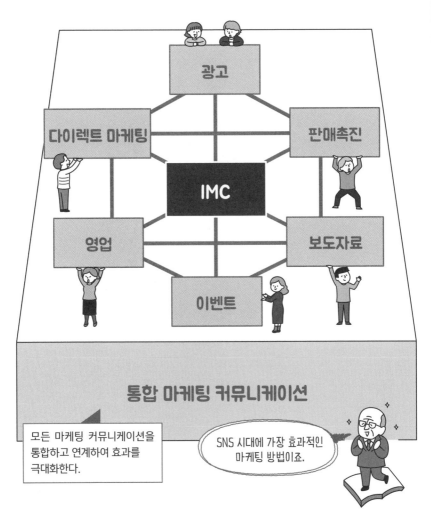

8 Chapter

PHILIP KOTLER
MARKETING
VISUAL NOTES

연결의 시대
'디지털 마케팅 전략'

마케팅 세계에서는 과거의 성공이 미래에도 이어진다는 믿음은 통하지 않습니다. 새로운 시대에 적응하지 못하면 생존하기 어렵습니다.

변화하는 현대에 필요한 마케팅은 무얼까요? 고객 여정의 변화를 이해하지 못하면 대기업도 살아남을 수 없습니다. 뉴 노멀 시대의 고객에게 다가가는 마케팅에 대해 배워봅시다.

01 4P에서 4C로 진화한 마케팅 믹스

코틀러는 오늘날의 디지털 세상에서는 마케팅 믹스가 기존의 4P에서 4C로 재정의 되어야 한다고 주장합니다.

기존의 마케팅 믹스는 4P(제품·가격·유통·촉진)를 활용해 소비자를 구매로 유도하는 것이었습니다. 코틀러는 이제 전 세계가 디지털화되면서 고객이 전통적인 소비 형태에서 이탈하고 있다고 지적하며, 디지털 시대에 이상적인 마케팅 믹스를 도출했습니다.

과거에는 수동적인 마케팅 대상이었던 고객이 연결의 시대에 접어들면서,

마케팅 믹스의 4C

4C는 연결의 시대에 적합한 마케팅 믹스입니다.

빅데이터를 활용해 고객이 느끼는 가치를 측정하고 가격에 반영한다.

빅 데이터

가격변동

이런 걸 원해요.

OK

고객과 함께 만들어 가는 시대

가변적 가격 책정
(Dynamic Pricing)

고객

제작

통화
(Currency)

공동 창조
(Co-creation)

※ 가변적 가격 책정 :
제품이나 서비스 가격이 시장 상황에 따라 탄력적으로 달라지는 가격 전략

직접 정보를 발신하고 고객끼리 정보를 상호 교환하는 등 주체성을 가진 소비자로 발전하였습니다.

코틀러는 이제 4P는 공동 창조$^{Co\text{-}creation}$, 통화^{Currency}, 공동체 활성화$^{Communal\ activation}$, 대화^{Conversation}라는 '4C'로 재정의되어야 한다고 주장합니다. 신제품 구상 단계부터 고객을 참여시키는 공동 창작으로 소비자에게 수용 가능한 제품 개발이 가능합니다. 또한, 고객과의 대화와 협력을 통해 제품과 서비스 맞춤화 및 개인화도 가능합니다. 고객의 니즈에 부합한다면 고객의 가치에 따라 가격을 책정할 수 있습니다.

뉴 노멀$^{New\ Normal}$ 시대에는 연결성을 중시하는 4C로 기업의 생존 확률이 높아집니다.

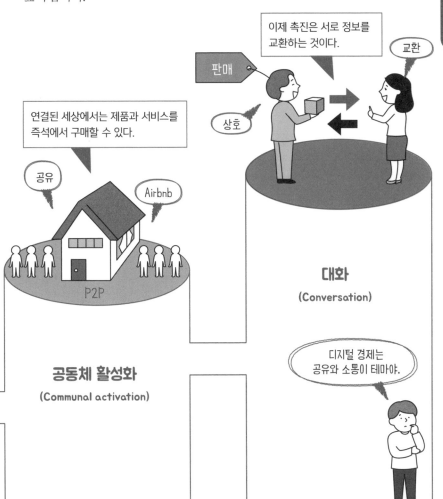

02 고객의 구매 행동 프로세스 고객 여정

고객의 구매 행동 과정인 고객 여정은 연결된 시대로 진보하면서 기존의 사고방식에서 변화했습니다.

고객 여정customer journey은 고객의 구매 행동 과정을 설명하는 프레임워크입니다. 초기에는 AIDA라는 프레임워크를 오랫동안 사용해 왔습니다. AIDA는 '주목Attention, 흥미Interest, 욕구Desire, 행동Action'의 머리글자를 딴 것으로 고객이 제품을 알게 되고, 관심이 생기고, 가지고 싶다는 생각이 구매라는 행동으로 연결하는 과정을 나타냅니다.

연결의 시대 고객 여정

시대가 변하면서 기억^{Memory}을 추가한 AIDMA, DA$^{욕구, 행동}$를 SAS^{Search} 검색, Action 행동, Share 공유로 대체한 AISAS도 탄생하였습니다. 이후, 데릭 러커 Derek Rucker가 '인지^{Aware}, 태도^{Attitude}, 행동^{Act}, 재행동$^{Act\ again}$'의 4A를 수정안 으로 제기하였고 광범위하게 사용되었습니다. 그러나 4A 역시 선형적이고 개인적인 경로를 반영한 것입니다.

코틀러는 연결의 시대에 대응하는 인지^{Aware}, 호감^{Appeal}, 질문^{Ask}, 행동^{Act}, 옹호^{Advocate}의 '5A'를 제창하였습니다. 그리고 5A 전 과정에 영향을 주는 '자신^{Own}, 타인^{Other}, 외부^{Outer}'의 O존$^{O\ Zone,\ O_3}$을 조합하면 유용한 마케팅 도구가 된다고 말합니다.

03 수직이 아닌 수평적 정보 전달 고객 커뮤니티의 부상

디지털 경제가 확산하면서 마케팅에 대한 기업의 사고방식에도 변화가 필요하다고 요구되고 있습니다.

코틀러는 디지털 경제의 활성화가 세계화로 이어진다고 말합니다. 이제 기업 경쟁력은 규모, 거점 국가, 과거 우위성으로 결정되지 않는다는 점을 시사합니다. 이 변화의 흐름 중 하나가 정보 전달 형태의 변화입니다. 과거에는 기업이 마케팅하고 고객에게 전달되는 수직적 흐름이었습니다.

그러나 연결의 시대에는 수평적으로 정보가 전달됩니다. 고객은 권위자나 전문가의 조언보다 F-팩터F-factor: family 가족, friends 친구, fans 팬, followers 팔로워의 의견을 신뢰하고, 더 많은 영향을 받습니다.

수직적 시대에서 수평적 시대로의 변화

경쟁사라도 협력하면 승리를 거둘 수 있습니다.

우리가 우위야!

우리가 1위야!

협력하여 승리했어!

경쟁

공동 창조

경쟁

과거에는 경쟁사들과 경쟁하고 이기는 것이 중요했지만, 이제는 정보를 공유하며 이익을 도모하는 시대가 되었다.

이러한 변화 속에서 기업이 기존의 수직적 마케팅을 고수한다면 충분한 촉진 효과를 거둘 수 없습니다. 고객과 공동 창조를 도모하고, 대등한 관계를 구축할 수 있는 마케팅을 실천해야 합니다.

또한, 고객에게 영향을 미치는 고객 커뮤니티를 확보하기 위해 노력해야 합니다. 기업이 일방적으로 접촉을 요구한다면, 커뮤니티의 가치관에 의해 거부될 수 있으므로 고객 커뮤니티의 허가를 받는 절차가 필요합니다.

고객 커뮤니티와 호의적 관계를 구축하기 위해서는 대등하고 수평적인 연결을 추구하는 자세가 필요합니다.

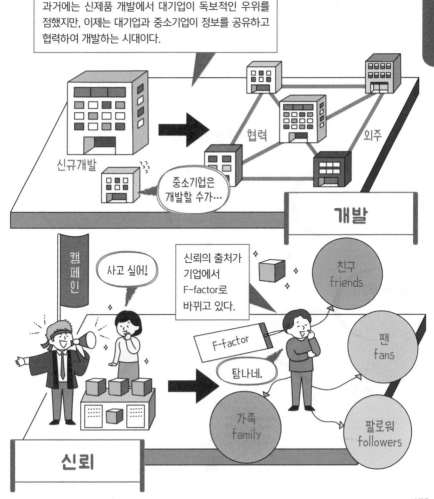

04 연결성이 마케팅을 바꾸고 시대의 주역이 되다

디지털 세상에서 연결된 고객의 인맥이 확장되면서, 구매 결정에도 타인의 영향력이 커지고 있습니다.

디지털 기술의 발전으로 전 세계 고객들은 SNS를 통해 많은 인맥을 맺게 되었습니다. 연결성이 높아진 시대에서는 '사회적 동조'가 중요해지고, 고객은 타인의 의견에 점점 더 영향을 받게 됩니다.

때로는 수많은 리뷰와 SNS에 의해 기업이 추구해 온 브랜드 이미지가 변질되거나 훼손되기도 합니다. 이를 우려해 기업이 커뮤니케이션 콘텐츠에 개입하거나, 브랜드 이미지를 조작하려고 시도하면 큰 반감을 사게 됩니다. 고객 한 사람 한 사람이 고객 커뮤니티에 연결되어 있고, 그 안에서 개별적

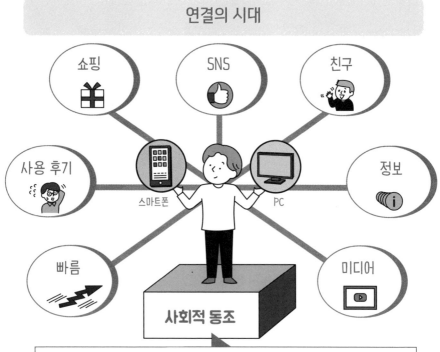

연결의 시대

- 쇼핑
- SNS
- 친구
- 사용 후기
- 스마트폰
- PC
- 정보
- 빠름
- 미디어

사회적 동조

연결의 시대에는 SNS를 통해 항상 적극적으로 소통하고 경험을 공유하는 것이 선호된다.

영향력을 가진 존재임을 이해하고, 고객 커뮤니티의 인정을 구하는 태도를 가져야 합니다.

그리고 사회에 수용될 수 있는 마케팅 방법을 개발해야 합니다. 연결의 시대에서 고객은 개인 의견보다 타인(사회)의 의견을 구매 결정 기준으로 삼는 경향이 있습니다. 기업 역시 4C로 고객과 연결하고, 고객 커뮤니티로부터 높은 평가를 받아야 합니다.

바꿔 말하면, 기업은 고객과의 공동 창조를 통해 혁신을 일으킬 수 있고, 수평적 관계를 중시하는 사회적 비즈니스 환경을 기회로 삼을 수 있습니다.

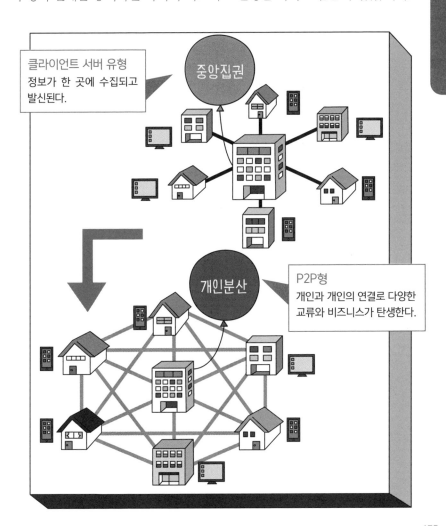

05 연결의 시대에도 마케팅의 역설은 존재한다

고객이 수평적 연결을 통해 많은 정보를 얻는 시대에는 모순적인 마케팅도 필요합니다.

기업은 항상 최적의 마케팅을 실행하고자 노력하지만, 그 방향이 반드시 옳다고 할 수는 없으며, 때에 따라서는 부정되기도 합니다. 특히 브랜드 이미지에 관해서는 부정적인 의견이 나온 후에 긍정적인 의견이 나오기도 합니다. 이러한 '마케팅의 역설'은 다양합니다.

그중 하나가 온라인과 오프라인의 상호작용이라는 역설입니다. 미래의 주류가 될 젊은 세대 고객층은 온라인과 SNS 인맥, 신뢰할 수 있는 가족과 지인의 의견을 재빠르게 수집합니다. 또한, 온라인에서의 정보 수집뿐만

마케팅의 역설

온라인에서 주로 쇼핑하지만, 오프라인 조언도 구하고 싶다. 온·오프라인은 공존하고 상생한다.

간단
편리
무엇을 도와드릴까요?
친절한 응대
고객 지원 센터
온라인 구매

아니라 오프라인의 직접 체험도 중시합니다. 이러한 젊은 고객층을 대상으로 한 마케팅은 온·오프라인에서 모두 뛰어난 고객 경험을 제공해야 한다는 역설을 안고 공존하며 상호 보완해야 합니다.

다음으로는 고도로 연결된 시대에도 누군가는 정보를 가지고 있고, 누군가는 그렇지 않다는 역설이 있습니다. 정보 수집에 취약하고 타인의 영향을 받기 쉬운 의존적인 고객과 정보 수집에 적극적이고 능숙한 고객이라는 상충된 특성의 고객 모두에게 동시에 접근하기는 쉽지 않습니다. 연결성이 높아진 사회에서는 고객에게 충분한 정보를 제공하되, 마케팅의 역설을 고려한 활동도 요구됩니다.

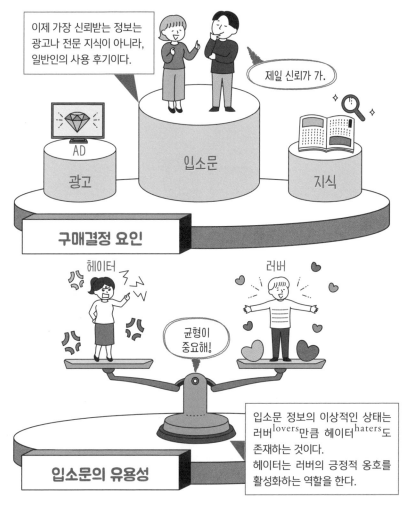

이제 가장 신뢰받는 정보는 광고나 전문 지식이 아니라, 일반인의 사용 후기이다.

제일 신뢰가 가.

AD
광고

입소문

지식

구매결정 요인

헤이터

러버

균형이 중요해!

입소문의 유용성

입소문 정보의 이상적인 상태는 러버^{lovers}만큼 헤이터^{haters}도 존재하는 것이다.
헤이터는 러버의 긍정적 옹호를 활성화하는 역할을 한다.

177

06

채널을 통합한
옴니채널 마케팅

연결의 시대에서 다양한 채널로 제품을 접하는 고객을 만족시키려면,
일관성 있는 고객 체험을 제공해야 합니다.

연결성이 높고 온라인 정보 수집에 능숙한 고객층은 주로 젊은 세대가
많고, 적극적이며 신속하게 행동하는 특성이 있습니다. 온라인 쇼핑은 물론
이고 오프라인 매장 구매도 병행하는 등 하나의 채널에 얽매이지 않습니다.

이렇게 새로운 고객 여정을 추종하는 고객층이 기대하는 것은 편리하고,
심리스Seamless 끊김 없이 원활하고, 일관성 있는 고객 경험(구매)입니다.

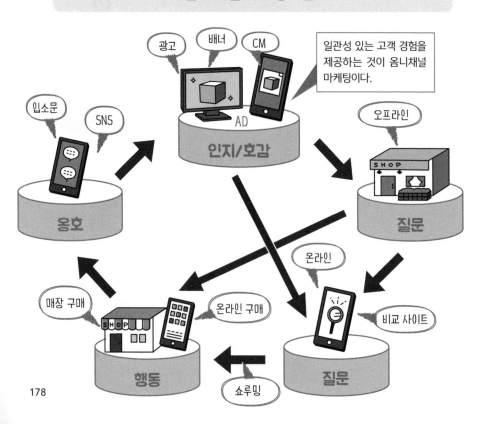

옴니채널 마케팅이란?

일관성 있는 고객 경험을 제공하는 것이 옴니채널 마케팅이다.

따라서, 고객이 접촉할 온·오프라인의 모든 채널을 통합하고 연결하는 옴니채널 마케팅^{Omni-channel marketing}이 필요합니다. 모든 채널을 포괄적으로 커버하고, 어느 채널에서 접촉하더라도 일관성 있는 커뮤니케이션으로 대응할 수 있어야 합니다. 고객이 접속할 수 있는 채널이 다양해야 신뢰도 높아지기 때문입니다.

이때 중요한 것은 가장 중요한 채널과 접점을 특정하는 것입니다. 다양한 채널 간의 각기 다른 조합이 만들어지므로, 주요 접점을 파악하고 개선해야 성공할 수 있습니다. 고객이 어떤 경로로 각각의 채널에 접촉했는지 고객 여정 시나리오를 분석합니다. 시나리오는 고객의 수만큼 존재하므로 가장 보편적인 시나리오를 참고하여 실행합니다.

고객에게 'WOW!'의 순간을 선사하는 3가지 마케팅 요소

07

고객이 브랜드의 우량 고객인 팬이 되려면 'WOW!'의 경험을 선사하는 마케팅이 필요합니다.

'WOW!'의 순간으로 유튜브 조회 수 500만 뷰를 넘은 영상이 있습니다. 한 남자가 매장 직원에게 도넛으로 올림픽 마크를 만들어 달라고 주문했습니다. 주문한 도넛이 눈앞에 등장하자, 'WOW!'라는 감탄사가 절로 터져 나왔습니다. 당연히 거절할 당할 만한 무리한 주문이었음에도 매장 직원이 응해 주었기 때문입니다.

이 동영상이 전파되면서 500만 명의 사람들을 전염시켰고, 도넛 매장은

WOW!의 특성

무료로 영향력 높은 광고 효과를 볼 수 있었습니다. 하나 더, 그가 새로운 주문을 시도하지 않았다면 이 놀라움을 경험하지 못했을 것입니다.

'WOW!'에는 기대를 초월하여 놀랍고surprising, 개인적 경험으로만 누릴 수 있으며personal, 다른 사람에게 알리고 싶어지는 전염성contagious이 있습니다. 'WOW!'를 경험한 고객은 브랜드와 기업을 옹호하고 팬이 되어 줍니다.

이 사례는 우연의 산물일 수도 있지만, 연결성이 높은 시대에서 기업은 'WOW!'의 경험을 고객에게 선사해야 한다는 교훈을 얻을 수 있습니다. 고객 관점에서 '즐거움enjoyment, 경험experience, 참여engagement'라는 3가지 요소로 고객과의 상호 작용을 강화하는 마케팅을 적극적으로 펼쳐야 합니다.

08 고객이 자사의 제품을 옹호하는지 분석한다

고객 여정 중간에 얼마나 많은 고객이 이탈하는지 조사하고, 개선으로 연결하기 위해서는 전환율 분석이 필요합니다.

전환율은 고객이 다음 단계로 이동할 확률을 말합니다. 종래에는 5A의 '인지'부터 '행동(구매)'까지 측정하는 구매 행동률$^{PAR: Purchase Action Ratio}$이 중시되어 왔습니다. 마케팅 촉진을 인지한 사람 중에 얼마나 많은 사람이 실제 구매로 이어졌는지 알 수 있는 확실한 지표였습니다.

그러나 연결의 시대에는 앞서 설명한 바와 같이 팬층을 확보하는 것이 중요하므로 '행동' 이후의 브랜드 옹호율$^{BAR: Brand Advocacy Ratio}$도 분석해야

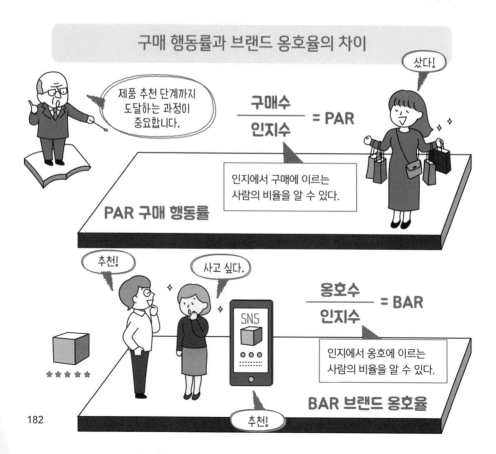

구매 행동률과 브랜드 옹호율의 차이

합니다. 브랜드 옹호율은 브랜드를 인지한 고객이 타인에게 제품을 얼마나 알리고, 브랜드 인지도를 얼마나 끌어올릴 수 있는지 나타냅니다.

간단히 말해서, 자사의 제품을 아는 사람이 몇 명에게 제품을 소개할 것인가의 확률입니다. 확률이 높을수록 자사에 호의적이므로 브랜드 옹호율을 높이는 것이 중요합니다.

또 하나, 5A 각 단계의 전환율에 주목해야 합니다. 각 단계의 전환율이 낮으면 원인을 조사하고 개선해야 합니다. 그렇지 않으면, 구매라는 '행동' 단계와 마지막 '옹호' 단계까지 도달하는 인원이 줄어듭니다. 일단 '인지' 단계에 들어선 고객을 얼마나 많이 유입할 수 있는지가 이익의 차이로 나타납니다.

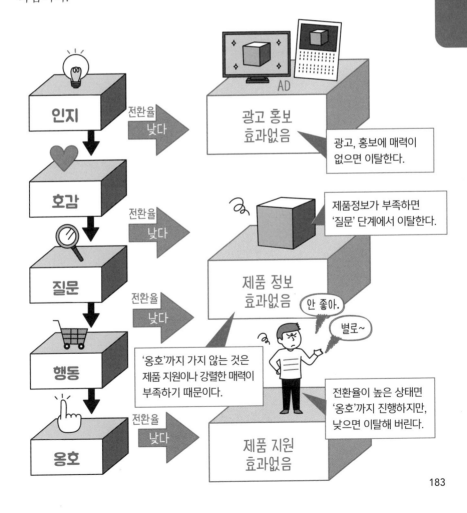

09 디지털 시대의 인간 중심 마케팅

디지털화가 무르익은 가운데, 고객은 브랜드에서 인간적인 매력을 한층 더 요구하고 있습니다.

디지털화로 경제 활동 형태와 커뮤니케이션 방식이 빠르게 변화시키고 있는 가운데, 기업이나 브랜드에 대한 고객의 감성도 변화하고 있습니다. 고객에게 있어서 브랜드는 일방적인 동경의 대상이 아니며, 커뮤니티의 지지를 받아 '고객이 브랜드를 선택한다'는 인식이 확산하고 있습니다.

고객은 연결성을 통해 많은 정보를 얻는 강자이기도 하지만, 마케팅에 의해 쉽게 유혹되기도 하고, 타인의 의견을 구하는 감성적인 존재이기도 합니다. 이러한 고객의 인간적인 특성을 고려하지 않고, 마케팅을 펼치면 고객의 마음에 메시지가 닿지 않습니다.

인간 중심적 브랜드의 특성

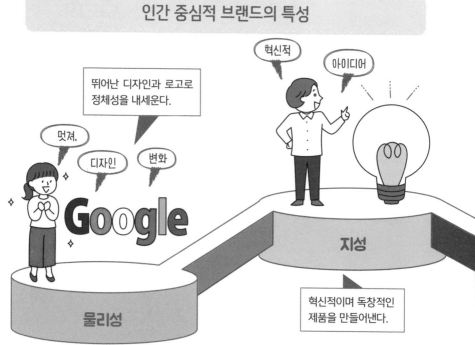

따라서, 기업은 인간 중심 마케팅^{human centric marketing} 사고방식이 필요합니다. 고객의 인간적인 면과 선호하는 브랜드의 특성을 이해해야 합니다. 코틀러는 인간적 매력으로 '물리성^{physicality}, 지성^{intellectuality}, 사회성^{sociability}, 감성^{emotionality}, 인격성^{personability}, 도덕성^{morality}'을 꼽고 있습니다.

이러한 특성은 곧 브랜드에도 적용됩니다. 고객은 인간적 매력을 지닌 브랜드에 호의를 가집니다. 기업은 인간 중심 마케팅으로 고객을 유입하는 방법을 모색할 뿐만 아니라, 고객이 기업에 대해서도 인간적 매력을 느낄 수 있는 경영 방침과 시책을 제시해야 합니다.

10
더욱 풍부해진
콘텐츠 마케팅

기업의 콘텐츠 마케팅이 중요하다고 인식되고 있지만, 방법을 모른다면
콘텐츠 자산과 비용을 낭비할 수 있으므로 주의해야 합니다.

출판, 방송뿐만 아니라 수많은 콘텐츠 미디어들이 등장했고, 그중 특히
웹 미디어가 추진력을 발휘하고 있습니다. 콘텐츠 마케팅은 생산과 배포가
한 세트입니다. 코틀러는 콘텐츠 마케팅이 꼭 거쳐야 할 8단계로 '목표 설
정, 고객 지도 작성, 구상 및 계획 수립, 창조, 배포, 증폭, 평가, 개선'을 제
시합니다. 또한, 콘텐츠 마케팅에서 실패하는 이유로 '창조'와 '배포' 2단계
만 거치고, 전후의 중요한 단계들을 생략했기 때문이라고 지적했습니다.
그 결과 콘텐츠 자산만 낭비하고 일회성으로 끝나 버릴 수 있습니다.

콘텐츠 마케팅이란?

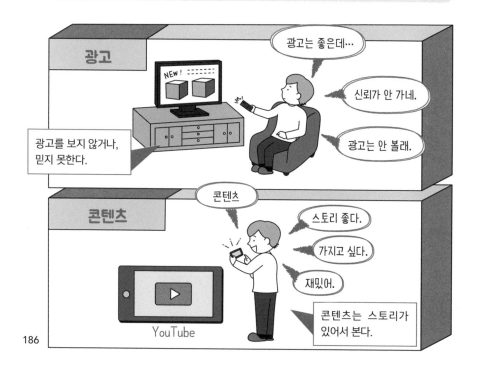

콘텐츠 마케팅 성과의 반은 배포와 증폭에 달려 있습니다. 콘텐츠 시장에서 '페이드 미디어'[paid media 유료 미디어], 온드 미디어[owned media 소유 미디어], 언드 미디어[earned media 획득 미디어] 중에 무엇을 활용할지 선택합니다.

'온드 미디어'는 자사 채널(웹사이트, SNS 계정 등)에서 콘텐츠를 배포하므로 무료지만, 시스템을 구축하고 운용하는데 많은 사내 자원이 소요됩니다. 대안은 비용을 지불하고, '페이드 미디어'를 활용하는 것입니다.

'언드 미디어'는 콘텐츠가 입소문을 타고 SNS에 공유되거나 미디어 보도로 노출되는 형태입니다. 단, SNS나 미디어 보도에서 다루어지지 않으면 배포 자체가 이루어지지 못하므로 커뮤니티 마케팅을 적극적으로 해야 합니다.

많은 기업이 광고에서 콘텐츠 마케팅으로 전환하고 있지만, '고객에게 유용한 콘텐츠'가 아니면 효과를 기대할 수 없다는 점에 유의해야 합니다.

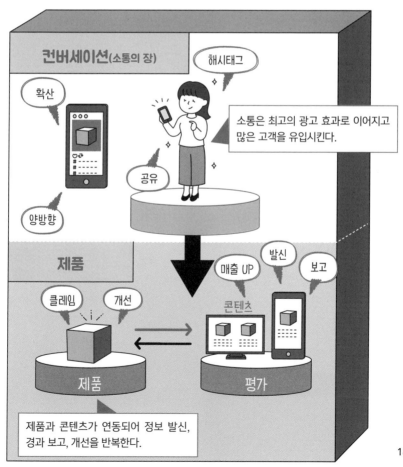

제품과 콘텐츠가 연동되어 정보 발신, 경과 보고, 개선을 반복한다.

용어 색인

◉ 주요 참고문헌

『コトラー&ケラーのマーケティング・マネジメント基本編』
フィリップ・コトラー, ケビン・レーン・ケラー 저, 恩藏直人 감수, 月谷真紀 번역 (丸善出版)

『コトラーのマーケティング 4.0 スマートフォン時代の究極法則』
フィリップ・コトラー, ヘルマワン・カルタジャヤ, イワン・セティアワン 저, 恩藏直人 번역 감수,
藤井清美 번역 (朝日新聞出版)

超入門 コトラーの「マーケティング・マネジメント」
安部徹也 저 (かんき出版)

マンガでやさしくわかるコトラー
安部徹也 저 (日本能率協会マネジメントセンター)

『これだけ！4P』
安部徹也 저 (すばる舎)

『最強の「ビジネス理論」集中講義』
安部徹也 저 (日本実業出版社)

『メガヒットの「からくり」―実例で読み解く発想法とテクニック 』
安部徹也 저 (角川 SS コミュニケーションズ)

기본부터 실전까지 일러스트로 이해하는

필립 코틀러의 마케팅 수업

초판 1쇄 발행 · 2021년 12월 31일

감수자 · 아베 테츠야
옮긴이 · 서희경
펴낸이 · 곽동현
디자인 · 정계수
펴낸곳 · 소보랩

출판등록 · 1988년 1월 20일 제2002-23호
주소 · 서울시 동작구 동작대로 1길 27 5층
전화번호 · (02)587-2966
팩스 · (02)587-2922
메일 · labsobo@gmail.com

ISBN 979-11-391-0293-2 14320
ISBN 979-11-391-0292-5 (세트)